KB269382

김재일 에세이

희망언어

김재일 에세이 **희망언어**

2007년 10월 20일 초판 인쇄
2007년 10월 25일 초판 발행

지 은 이 | 김재일
펴 낸 이 | 김영호
펴 낸 곳 | 도서출판 동연
출판등록 | 1992년 6월 12일 제2-1383호
주소 | 서울시 마포구 망원동 472-11
전화 | 02-335-2630, 팩스 | 02-335-2640

ISBN | 978-89-85467-60-5 03040

김재일 에세이

희망언어

말은 자기표현의 수단이며, 의사소통의 매개체다. 아니 그 이상의 것이다. 사람을 믿는다는 것은 그 사람의 말을 믿는다는 것이다. 말은 곧 그 사람의 인격이다. 말을 어떻게 쓰느냐에 따라 인생의 성패가 갈린다. 지도자의 말은 나라와 국민을 흥하게 할 뿐만 아니라, 망하는 길로 이끌기도 한다. 나는 무엇보다도 상대가 개인이든 국민이든 유창한 말이 아니라, 진실이야말로 상대를 설득하는 가장 강한 힘임을 이야기하고 싶었다. '희망언어'는 희망을 주는 말, 건강하고 향기로운 말의 사용으로 세상을 밝게 만들자는 염원을 담고 있다.

정직한 언론인이 통찰한
'말과 정치'의 관계

박권상_언론인. 전 KBS 사장

흔쾌한 마음으로 김재일 씨가 쓴 책의 추천사를 쓴다. 김재일 씨는 지난 1989년 종합 시사주간지 〈시사저널〉을 창간하면서 만난 언론인 이다. 당시 나는 〈시사저널〉의 주필 겸 부사장을 맡았고, 그는 경제부 차장으로서 창간 작업에 합류했다.

돌이켜 보면 '사실과 진실을 추구하는 독립 언론'을 표방하고 출발 한 〈시사저널〉의 창간은 무에서 유를 창조하는 작업이었다. 그때까지 만 해도 주간지는 대부분 황색 저널리즘을 대표한다고 해도 과언이 아닐 정도로 그 내용이 선정적이었다.

그처럼 척박한 주간지 풍토 속에서 정통 시사주간지를 창간하는 일 이란 그만큼 어렵고 힘든 작업이었다. 실험정신과 개척정신이 요구되 는 창간 과정에서 그의 활약은 돋보였다. 나는 그의 능력과 인품을 평 가할 뿐 아니라 개인적으로 고맙게 생각한다.

그는 우선 공동체 의식이 확고해 인화를 중시하고, 더불어 사는 기술을 익힌 바른 언론인이었다. 그는 근본적으로 정직하고 성실할 뿐 아니라 성품이 온화한 사람이다. 특히 그는 신앙심이 돈독하고, 매사에 진지해 누구에게나 신뢰감을 주는 사람이다.

요즘 언론에 종사했던 사람들이 정계로 진출하는 경우를 많이 본다. 나는 언론 외길을 걸어온 사람으로서 이같은 현상을 원론적으로 찬성하지 않는다. 비판하는 입장이다.

그럼에도 언론과 정치는 공통점을 가지고 있다. 그것은 바로 공익을 우선한다는 점이다. 이 두 분야에 종사하는 사람이 사사로운 이익을 추구하게 될 때 이는 곧 자살을 의미한다. 그런 관점에서 나는 김재일 씨가 언론계에서 그랬듯이 정계에서도 잘 해 주리라고 믿는다.

세상이 바뀔수록 정치가 더욱 각박해지고, 정치 불신이 심화되는 듯한 느낌이다. 당파주의와 막가는 행태의 선정, 선동주의가 여전히 기승을 부리고 있다. 국민과의 사이에 새로운 신뢰를 쌓아갈 수 있는 정치 지도자와 세력이 절실히 요구되는 때다.

이런 때에 정직한 언론인으로서 기량을 닦은 김재일 씨가 정치권에서 새로운 바람을 일으키기를 기대해 본다. 나는 그가 분명히 정치 발전, 정치 선진화의 씨앗이 될 것으로 기대한다.

그런 김재일 씨가 이번에 '희망언어'란 책을 냈다. 저자는 이 책에서 말과 정치의 관계, 그리고 정치에서 말의 중요성에 대해 천착했다. 나는 '건강한 말의 사용이 건강한 정치를 만든다'는 저자의 주장에 동의한다.

　정치불신이 팽배한 지금이야말로 소금을 지고 물 속으로 들어가자고 해도 국민이 따를 수 있을 만큼 신뢰받을 수 있는 위대한 지도자가 필요한 때다.

　정직성을 바탕으로 언론계에서 날카롭고도 공정한 안목을 단련한 저자가 폭넓은 사회활동을 하면서 정치 현실을 통찰한 이 책은 독자들로 하여금 현실 정치를 이해하는 데 큰 도움을 주리라고 믿는다.

2007년 10월

말·사람·세상·희망

거슬러 올라가 1999년 5월. 나는 독일 나우만재단 주최로 굼머스바흐라는 작은 도시에서 2주간 열린 국제 세미나에 한국대표로 참석했다. 20여 개국에서 온 30여명의 대표들이 참여한 세미나는 아침부터 저녁까지 잠시의 틈도 없이 빡빡하게 진행되었다. 그런데 여느 국제회의나 세미나와는 달리 이번에는 그렇게 유익하고 재미있을 수가 없었다.

세미나 기간 중 어느날, 나는 동료들과 함께 며칠 동안의 학습여행을 위해 굼머스바흐에서 구동독지역인 막데부르그로 가는 버스에 올랐다. 달리는 버스의 차창 너머로 녹색평원이 끝없이 펼쳐졌다. 얼마나 갔을까, 마음은 완벽할 정도로 평온한 가운데 불현듯 내 속으로부터 솟구쳐 오르는 힘과 주체할 수 없는 충동을 느꼈다. 나는 그 버스 안에서 책에 대한 구상과 함께 뼈대를 잡았다.

그때의 구상은 3년 후 '팥으로 메주를 쑨다해도'란 이름의 책으로 출간되었다. 말과 정치의 관계를 다룬 내용이다.

그 책이 나온 후 다시 5년이란 세월이 흘렀다. 그 동안 나는 국회의원 선거에 나가 낙선도 해 보았고, 대한건설협회 상임감사, 한국감사협회 회장, 한국청소년운동연합 경기도 지부장을 맡아 눈코 뜰 새없이 바쁜 나날을 보냈다.

돌이켜보면 언론계, 정치권, 사회단체 활동 등 여태까지 내가 걸어온 길은 말과 깊은 관계가 있었다.

우리의 삶에서 말의 중요성은 아무리 강조해도 지나치지 않을 것이다. 말은 자기표현의 수단이며, 의사소통의 매개체다. 아니 그 이상의 것이다. 사람을 믿는다는 것은 그 사람의 말을 믿는다는 것이다. 말은 곧 그 사람의 인격이다.

어디 그 뿐인가. 말을 어떻게 쓰느냐에 따라 인생의 성패가 갈린다. 지도자의 말은 나라와 국민을 흥하게 할 뿐만 아니라, 망하는 길로 이끌기도 한다.

나는 무엇보다도 상대가 개인이든 국민이든 유창한 말이 아니라 진실이야말로 상대를 설득하는 가장 강한 힘임을 이야기하고 싶었다.

그 연장선에서 나의 또 다른 관심은 말과 정치의 관계다. 일반국민의 정치불신과 정치 후진성에 대한 비판이 어제 오늘의 일이 아니건만, 그 문제가 해결될 기미는 보이지 않고 갈수록 심화되는 듯하다.

이와 관련해 나는 말은 정치의 핵심이자 본질이고, 건강한 말의 사용이 불신 받는 우리 정치가 신뢰를 회복하는 출발점이라는 데 대해 갈수록 더 큰 확신을 갖게 된다.

이같은 문제의식과 확신이 이 책을 쓰게 된 가장 중요한 이유다. 말은 그 자체로서 생명력을 지닌다는 것이 나의 확고한 믿음이다. 따라서 이 책의 주인공은 바로 말이다.

이번에 출간한 '희망언어'는 '팥으로 메주를 쑨다해도'를 대폭 수정 보완한 정치 에세이다. 책 제목 '희망언어'는 희망을 주는 말, 건강하고 향기로운 말의 사용으로 세상을 밝게 만들자는 염원을 담고 있다.

새로 들어간 '제1부 노무현은 말로 신뢰를 잃었다_노무현과 말'에서는 노무현 대통령이 어떻게 말로 일어섰고, 어떤 말로 국민의 신뢰를 잃게 되었는가를 다루었다. 나는 노대통령의 가장 큰 실패 요인을 말로 본 것이다.

'제5부 멋과 여유의 정치를 위하여_제언·단상'은 언론인으로 일할 때 쓴 칼럼과 각종 신문, 잡지에 기고했던 글 중에서 뽑은 것이다. 글을 쓴 시점상 시사성이 떨어질 수 있으나 그 의미와 본질은 지금도 통한다고 생각한다.

'제6부 은영아, 너의 너 된 것은 기적이었다_가족·교육·신앙'은 매우 사적인 것으로 가족에게 쓴 편지, 특히 신앙적, 교육적 관점에서 자녀에게 권면한 내용과 정치와 신앙에 대한 견해를 담고 있다.

　책 출판을 위해 좋은 지적을 마다하지 않은 친구 백규서와 양병무 한국인간개발원 원장, 그리고 이 책을 흔쾌히 출간해 준 도서출판 동연의 김영호 사장에게 마음으로부터 감사를 드린다. 사랑하는 고향의 부모님과 아내 김미경, 딸 은영이와 아들 경민이, 그리고 큰 관심과 애정을 가지고 나를 지켜보는 모든 분에게 이 책을 바친다.

2007년 10월

용인시 기흥구 마북동 사무실에서

<h1 align="center">차 례</h1>

제3부 **말은 세상을 바꾼다** _말과 정치

제1부
노무현은 말로 신뢰를 잃었다

_노무현과 말

반면교사
노무현

노무현 대통령만큼 말 때문에 구설수에 오른 사람도 드물 것이다.

노대통령의 경우야말로 지도자의 말이 정권의 운명, 나아가 한 나라의 진운을 결정하는 중요한 요소임을 웅변적으로 보여준 예가 될 것이다. 그런 의미에서 노대통령은 각 분야의 지도자들에게 뛰어난 반면교사가 될 만하다.

그는 대통령 재임기간 내내 의도적이든 아니든 간에 말로 시끄러웠다. 그는 끊임없이 말로 화젯거리를 만들어 냈고, 정치권의 공방을 불렀다.

대통령의 말은 그 내용이 무엇이든 간에 뉴스거리가 된다. 대통령이란 자리가 그만큼 막중하다는 말이다. 대통령의 말은 일반 국민들에게 판단 자료를 제공하고, 그들의 생각과 행동에 직접 영향을 미친다. 대통령의 말 한마디는 곧 나라의 정책 방향을 결정하고, 국민 생활 전반에 영향을 끼칠 수 있다.

대통령의 말은 다른 나라와의 관계에도 큰 영향을 미친다. 그가 한 말의 뉘앙스에 따라 외교관계가 매끄럽게 발전할 수도 있고, 껄끄럽게 꼬일 수도 있다. 대통령은 바로 한 국가의 대표이기 때문이다.

노대통령은 대통령으로서 자신이 하는 말은 어떻든 뉴스가 된다는 사실을 잘 알고 있었다. 게다가 그는 자타가 공인하는 달변가요, 토론의 명수로 알려져 있다. 노대통령 또한 자신의 언변에 대해 남다른 자신감을 가지고 있었던 듯하다.

말의 무기 마음껏 활용

그는 말의 무기를 마음껏 활용했다. 그 반응이 긍정적이든 부정적이든 자신의 말이 세간의 화제가 되는 것 자체를 즐기면서, 마치 화제의 중심에서 밀려나지 않으려고 안간힘을 쓰는 것처럼 보였다.

그는 취임 후 얼마 안돼 그의 인사 방침에 반발하는 현직 검사들과 토론회를 가진 초유의 대통령이었다. 그후 얼마 안돼 그는 '대통령 못해먹겠다'고 해 사람들을 놀라게 했다. 취임 1년쯤 되었을까, 그는 일이 마음 먹은대로 안풀리자 불쑥 국민에게 재신임을 묻겠다고 폭탄선언을 해 모두를 다시 한번 놀라게 했다.

한 TV 회견에서 그가 자신의 형에게 인사문제를 청탁한 기업체 사장의 실명을 거명한 후, 당사자는 투신자살하기도 했다. 언론사 간부들과 간담회 자리에서 '아파트 분양가 원가를 공개할 수 있다'는 등 정부 정책에 관한 것을 불쑥불쑥 이야기해, 많은 사람들로 하여금 대통령이 말할 내용인가에 대해 의구심을 갖게 했다.

가끔 미국의 비위를 거스르는 말을 하곤 해 양국 관계의 개선을 바라는 사람들의 가슴을 서늘하게 했다. '고건을 국무총리로 쓴 것은 실패한 인사'라고 해 큰 파문을 일으켰고, 결국 그로 하여금 대선 레이스를 포기하게끔 했다.

노대통령은 종종 시정잡배들이 쓸 만한 속어를 거침없이 사용했고, 그에게 비우호적인 언론은 이를 대서특필해 그의 '대통령답지 않은' 언행을 부각시켰다. 이로 인해 그의 지지도는 곤두박질치기 시작했다.

국민들은 그의 탈권위적인 행동과 말 한마디 한마디에 처음에는 통쾌한 카타르시스를 느끼기도 했지만, 점점 물가에 내놓은 어린아이 보듯 가슴을 졸이기 시작했다. 사람들은 하루를 멀다하고 쏟아내는 그의 말을 소음 공해 정도로 생각해 짜증스러워했고, 나중에는 그의 웬만한 말에는 무감각해질 정도가 되었다.

말실수로 인한 신뢰 상실

사실 노대통령은 취임 후 준비한 로드맵에 따라 의욕적으로 각 분야의 개혁을 추진했고, 객관적으로 평가받을 만한 업적도 적지 않았다. 그러나 거듭되는 말실수와 설화로 인한 신뢰 상실로 그의 업적은 빛이 바래져갔고, 그의 충정은 일반국민의 그에 대한 비우호적인 감정 속에 묻혀버렸다.

나중에는 콩으로 메주를 쑨다 해도 안 믿을 정도가 됐고, 그의 레임덕을 가속화시켰다. 노대통령 스스로도 '옳은 것도 노무현이 한다니까 반대한다'면서 탄식했다.

노대통령은 분명 뛰어난 언변의 소유자이다. 그러나 그는 자신의 자질을 제대로 활용하지 못해 국민과의 의사소통에 실패했고, 국민의

에너지를 결집하는 데 실패했다.

　문제는 신뢰의 상실이었다. 스스로 포지셔닝(대통령으로서의 자리 매김)을 잘못했던 결과다. ‘소비자 지향’이 아니라 ‘생산자 지향’적인 사고로, 국민 대다수가 원하는 방식과 내용이 아닌, 자신의 생각과 스타일을 고집했다.

　“밥도 먹고 소주도 하는 친구같은 대통령이 되겠다고 공약했고, 근엄한 대통령이 되기 싫었다. 그러나 대통령을 해보니 그게 아니라 좀 딱딱하게 해야 될 것 같다”라는 그의 말은 곧 잘못된 포지셔닝으로 국민과 의사소통에 실패했다는 실토다.

노무현은
말로 일어섰다

노무현 대통령은 국민과의 의사소통을 누구보다도 잘할 수 있는 기본 자질을 가지고 있었다. 그는 쉬운 말을 썼고, 그의 언변은 논리 정연해 설득력이 있었다.

변호사 시절부터 그는 사무실 동료들을 포함해 누구와도 토론하기를 즐겼고, 토론을 통해 문제를 해결하기 원하는 스타일이었다고 한다. 나중에 장관 시절에도, 대통령 재임 시에도 마찬가지였다. 그는 토론의 명수로 통했다.

대중 연설에서도 그는 발군이었다. 그의 연설은 전통적 웅변조가 아닌 대화조였다. 그는 현장감있는 말솜씨와 감성적인 표현, 적절한 비유, 위트와 순발력, 스스로를 몰입시키는 열정으로 청중을 쥐락펴락하는 타고난 선동가의 기질을 지녔다.

그는 원고 연설에 대해 어느 정도 거부감을 가진 듯하다. 판에 박은 원고 연설을 거부하고 즉흥 연설을 즐겼다. 때문에 현장감이 뛰어나고 설득력은 있었지만, 말실수가 잦았다.

탁월한 언변과 논리력

그의 연설은 듣는 이로 하여금 순박한 느낌과 함께 다소 어설픈 인상을 주어, 프로 정치인이 아닌듯한 참신감을 느끼게 했다. 그는 청중과의 친화력이 뛰어난 연설가였다.

탁월한 언변은 노무현이 가진 최강의 무기였다. 그는 그 무기를 적절히 활용해 정치무대에서 몇 단계 도약을 거듭했다. 우선 그는 이른바 '5공 청문회'에서 변호사 때 닦은 언변과 논리력으로 증인들을 꼼짝 못하게 묶었다.

그럼으로 증인들로 하여금 스스로의 잘못을 인정하게 하고, 실체적 진실을 확인시킴으로써 국민들에게 깊은 인상을 심어 주었다. 그 결과 초선의원 노무현은 '청문회 스타'로 부상했고, 전국적인 지명도를 얻게 되는 계기가 되었다. 그후 그는 국회 노동위원회에서 전문지식과 현장경험을 토대로 이인제, 이해찬과 함께 '노동위 3총사'로 불리며 두드러진 활약을 보였다.

그 같은 인프라를 바탕으로 정치인 노무현이 확 치고 올라간 것은 특정 언론에 대한 가차없는 공격이 그 계기가 되었다. 대통령 선거를 앞두고 화제를 불러 일으켜서, 당시 미미했던 지지도를 끌어올리기 위해 노무현으로선 무언가 큰 사건을 저지를 필요가 있었다. 그는 특정 언론을 타겟으로 삼았다.

노무현이 유력 언론을 상대로 싸움을 건다는 것은 큰 도박이었다. 어느 나라를 막론하고 '언론을 적으로 돌리지 말라'는 정치인에게 하나의 계명이다. 그러나 노무현은 이같은 통념을 과감하게 깨뜨렸다.

해양수산부 장관을 물러나 민주당 대통령 후보를 노리던 그는 일부 언론의 왜곡 편파 보도를 비판하고 공격하는 데 있어서 최전방에 섰다. 그의 거침없는 언행은 말을 하고 싶어도 언론의 보복이 두려워 속으로 끙끙 앓고 있는 정치인들을 보던 국민들로 하여금 통쾌함을 느끼게 했다.

유력 언론, 사정없이 공격

또 힘이 약한 서민들 입장에서는 막강한 언론을 상대로 싸우는 노무현을 보면서 골리앗과 다윗의 싸움을 보는 재미와 함께 일종의 대리만족감을 느꼈을 것이다.

그는 특히 조선일보에 대해 가차없는 공격을 가했다. 최대발행 부수를 자랑하는, 영향력이 막강한 신문을 상대해 정치인 개인이 싸움을 벌인다는 것은 통념상 자살행위나 마찬가지였다.

2001년 초 당시 '국민의 정부'는 언론사 세무조사를 단행하면서 이른바 조·중·동 등 주요 언론과 전쟁 중이었다. 그러나 동교동계를 포함한 대통령과 가까운 측근 의원들 중 어느 누구도 언론을 공격하느라 발 벗고 나서는 사람이 없었다. 섣불리 나섰다가 언론에 찍히는 날에는 정치생명이 끝날 수도 있다는 두려움 때문이었다.

당시 노무현 민주당 고문이 조선일보를 사정없이 비판하고 나오자 청와대측은 만족스러운 듯한 반응을 보였다. 그때서야 대통령 측근들은 메이저 신문들을 공격하는 시늉을 냈다. 하지만 신문의 비위를 거슬리지 않으려고 소극적이었다. 그들의 표정으로 보아 두려움을 품고 있음이 역력했다.

노무현의 '알로 바위치기'식 용기에 국민들은 환호했다. 노무현은 조선일보를 가차없이 공격하면서 단번에 화제의 중심에 섰고, 미미했던 지지율을 끌어올릴 수 있었다.

노무현이 특정 언론을 비판하는 데 발 벗고 나선 것은 물론 대선 전략의 일환이었다. 그러나 그것만은 아니었던 것 같다. 대통령 재직 시에도 특히 메이저 신문들과 끊임없이 실랑이하고, 그들의 보도행태를 비판했기 때문이다. 대선 전략보다 더 근본적인 문제, 즉 그의 언론관의 문제였던 것이다.

우여곡절 끝에 노무현은 여당의 대통령 후보 티켓을 거머쥐었다. 대통령 선거 과정에서 노무현 후보는 TV 토론을 통해 실력을 유감없이 발휘했다. 그는 '낡은 정치 극복'이라는 슬로건과 함께 비교적 기성정치의 때가 묻지 않은 듯한 이미지로 유권자들에게 어필했다.

그는 분명 말로 일어선 정치인이었다.

노무현의
도박

　　노무현 당시 민주당 고문이 조선일보를 공격하기 시작
한 시점은 2001년 6월로 민주당 당보를 통해서였다. 언론사 세무조사
문제로 김대중 대통령의 '국민의 정부'와 일부 언론이 첨예한 대립 상
태에 있을 때였다. 나는 민주당 당보 주간으로서 노고문을 인터뷰했
다. 그 인터뷰 기사를 신호탄으로 노고문은 조선일보에 대한 공격을
개시한 것이다.

　당시는 언론 문제에 대해 국민적 관심이 높았을 때임으로, 평소 언
론개혁에 대해 소신을 가진 것으로 알려진 노고문을 인터뷰 상대로
선정한 것인데, 그는 뜻밖에도 특정 언론에 대해 독하게 공격하는 것
이었다.

　그와의 인터뷰 일부를 발췌해 보자.

김재일 '수구 언론과 전쟁 불사' 발언을 하셨는데, 노고문님께서 느끼는 언론의 문제점은 무엇입니까?

노무현 (…전략) 제가 문제를 삼는 것은 언론의 정도를 너무 심하게 벗어나 사회, 역사의 진전을 가로 막겠다는 의도를 가지고, 개혁에 대한 저항과 공격 의도를 가진 언론입니다. 이것은 또 하나의 부정이며 사회악입니다.

김재일 좀 더 구체적으로 말씀해 주시겠습니까?

노무현 예를 들어 조선일보의 경우 가다오다 실수로 우리 당을 공격하는 것이 아니라 70년대부터 87년 대선, 92년 대선, 97년 대선까지 일관되게 우리 당을 모함하고 음해하며 공격하고 핍박해 왔습니다. 이것은 단순한 실수나 일반적인 언론의 병폐와는 본질을 달리합니다.

그들은 일제 시대에는 친일을 하고, 군사독재 시대에는 독재 정권과 결탁해 민주화 세력, 국민들의 민주화 열망, 우리나라 서민들의 정당한 권리를 억압하는 대신 관치경제에 따르는 특권, 특혜를 누리고 치부했습니다. (…중략…)

또 한가지는 글자 그대로 특권의식입니다. 정치권력을 조종하려는 의도와 계획 하에 선거 때마다 노골적으로 개입해 왔습니다. 언론의 자유가 아니라 언론의 횡포라고 볼 수 밖에 없습니다.

김재일 다른 일부 신문들도 비슷한 속성을 가질 텐데, 유독 조선일보를 지목하는 이유가 있습니까?

노무현 (언론의 심각한 정도 이탈과 관련해) 다른 신문은 비교적 일
관성이 약하며 들쭉날쭉합니다. 다른 신문은 차기 정권의 향
배에 대한 의도나 구도가 명확하지 않으나 조선일보만은 기
사 하나 하나에 우리 민주당 정부를 무너뜨리고 무력화시켜
정권을 내놓게 하려고 치밀한 계산 아래 움직입니다. (후략…)

김재일 마치 조선일보에 대해 선전포고를 하는 것 같습니다.

노무현 조선일보는 이미 신문도 아니고 언론도 아닙니다. (…중략…)
공정성을 기하는 척하면서 (한나라당 이회창 총재와) 주거
니 받거니 하는 것을 보면 조선일보는 이미 공정한 언론이
아닙니다. 사실을 조작하고 왜곡하기 때문에 이미 언론이 아
닌 것입니다. 조선일보는 이회창 총재의 기관지입니다.

김재일 노고문님의 언론 관련 태도와 활동에 대해 국민들의 반응은 어떻습
니까?

노무현 모두들 통쾌하게 생각합니다. 그런데 저를 아끼는 분들은 걱
정을 많이 합니다. 그때마다 저는 "이번에는 제가 이깁니다"
하고 말합니다.

나와의 당보 인터뷰를 시발로 해서 노무현은 각종 세미나와 대중집
회를 통해 줄기차게 조선일보를 공격하고, 조선일보와 한나라당의 유
착관계를 고발했다.

노무현은 왜 조선일보 공격에 발벗고 나섰을까?

첫째, 그는 조선일보가 기득권 유지를 위해 우리 사회의 변화와 개

혁을 저지하고 반공 이데올로기를 통해 민주세력과 서민을 억압하는 수구적 본질을 가진 개혁 저지세력으로 파악하고 있는 듯했다.

둘째, 그는 자신이 그때까지 조선일보를 공격한 적이 없는 데도 계속 그 신문에 당해만 왔다고 말했다. 이는 그가 추구하는 새로운 정치와 사회를 조선일보 입장에서 용납하기 어렵기 때문이라는 설명이었다.

셋째, 전략적인 측면에서 어차피 조선일보가 자신과 자신이 소속된 정당을 지지하지 않을 것이 뻔한 데, 조선일보에 대립각을 세우는 것이 오히려 노골적인 편파보도를 막을 수 있다는 계산이었던 것 같다.

여하튼 노고문의 조선일보 공격을 계기로 같은 당 의원들의 대언론 강경 발언이 쏟아져 나왔고, 그의 지지도는 상승세를 탔다.

그는 다른 정치인들에게 언론에 대한 비판을 강권할 생각은 없다고 했다. 자신처럼 전국적인 지명도가 있는 사람이 총대를 메야지, 별로 알려지지 않은 정치인이 이 일을 감당하기에는 너무 버겁고 손해가 클 것이라는 것이었다.

정치인으로서 무모할 정도로 파격적인 행태를 보인 노고문에 대한 지지도가 상승했다는 사실은 곧 일반 국민의 언론개혁에 대한 열망을 반증한다.

그는 국민들이 날마다 많은 뉴스와 정보를 언론을 통해 얻고, 언론 자유를 원하지만, 견제받지 않는 권력으로서 언론의 자사 이기주의 행태와 과거 권위주의 정권 하에서 언론이 누렸던 여러 형태의 특권과 특혜에 대한 일반 국민의 반감을 정확하게 간파하고 있었던 것이다.

정치인이 언론과 등지는 경우의 위험부담을 감안할 때 노무현의 특정 언론 공격은 커다란 도박이었다.

노무현은 말로
신뢰를 잃었다

권위주의 정권은 그렇다 치고, 민주화된 후에도 우리나라 대통령들은 하나같이 자신이 취임할 때 실패한 대통령이 될 지도 모른다는 생각은 꿈에도 하지 않은 듯하다. 선거에서 승리하면 자신을 따르는 추종자들은 물론, 온 나라가 새로운 기대로 들썩이는 가운데, 전 세계가 자기를 중심으로 움직인다는 착각을 할 만하다.

그처럼 들뜬 분위기 속에서 새로 취임한 대통령들은 과욕을 부리기 십상이다. 자신의 역량과 관계없이, 역사에 남는 대통령이 되려고 한다. 따라서 냉철한 현실 인식과 전략보다는 명분을 앞세워 무리하게 일을 추진하다가 저항에 부딪치곤 한다. 그때쯤 그들의 사전에 '실패'란 단어는 없다.

그러나 우리의 역대 대통령들은 임기 말기, 퇴임, 혹은 그 이후가 그다지 아름답지 못했다. 이승만은 하야한 후 망명길에 올랐고, 박정희는 심복의 총탄에 쓰러졌다. 전두환은 백담사로 유배를 가야 했고,

노태우는 전두환과 함께 감옥살이를 했다. 김영삼은 IMF 사태를 불러 국가경제를 파탄 낸 책임을 져야했으며, 김대중은 정권 말기 아들들의 비리 문제로 국민의 준엄한 지탄에 직면했다.

이제 노무현 차례. 역대 어느 대통령도 재임 시절 노무현만큼 '실패'란 단어가 따라다닌 사람도 없을 것이다. 그는 재임 때 이미 국민 대다수에 의해 '실패한 대통령'으로 규정지어 졌다.

노무현의 인기가 반짝 반등했던 때는 미국과 FTA(자유무역협정) 체결을 합의한 직후였다. FTA 체결을 지지하는 대다수 언론의 긍정적인 평가로 말미암아 10%대였던 노무현의 인기는 단번에 30%대로 올라섰다. 언론의 보도 태도가 우호적으로 바뀌자 노무현의 청와대는 한동안 얼떨떨한 듯한 표정이었다.

그러나 그것도 잠시, 노무현은 또 다시 비속어와 직설적인 말들을 쏟아냈고, 그의 인기는 다시 하강하기 시작했다.

공적을 말로 까먹어

노무현의 공과는 역사가 다시 평가하겠지만, 그가 실패한 대통령이라면, 나는 그 가장 큰 실패 요인을 말이라고 생각한다.

사실 그의 공적은 적지 않다. 노무현의 탈권위주의적 행태는 우리 사회의 권위주의를 타파하고, 각 분야에서 실력으로 경쟁하는 새 바람을 불어넣은 데 기여했다. 같은 맥락에서 검찰, 경찰, 국정원, 국세청 등 이른바 권력기관들이 제자리를 찾게 했다.

그는 과거에 돈 줄과 공천권으로 당을 장악했던 제왕적 총재직을 포기하고, 상당 권한을 당에 돌려주었다. 뿐만 아니라 정경유착을 뿌리 뽑기에 노력했고, 무엇보다도 '돈 안쓰는 선거'를 정착시켰다.

그러나 노무현은 적지 않은 그의 실적을 말로 다 까먹어 버렸다. 그가 사람들과 친근해 지기 위해 사용한 속어와 막말은 국민들의 눈에 대통령의 품위에 어긋나는 것으로 비쳤다. 그의 잦은 말실수는 국민들로 하여금 대통령에 대해 경박하고 불안한 느낌을 갖게 했다.

막스 웨버는 정치인의 첫 번째 자질로 철판을 서서히 녹일 수 있는 '정열'을 들었다. 노무현이 수차례 임기 중 도중하차를 암시한 것과 관련해 사람들은 그의 진정성을 받아들이기 보다는, 정치인으로서 그의 근본적인 자질을 의심하게 되었다.

그의 울분 섞인 말을 들으면서 대다수 국민들은 '대통령 자리에 앉은 사람이 일이 잘 안 풀린다고, 뭐가 저리 억울할까'라고 생각했다. 적지 않은 사람들은 이를 대통령으로서 일에 대한 책임감의 문제보다도, 소소한 일에 불평, 불만하고, 짜증스러워하는 그의 품성의 문제로 받아들였다.

직면한 현안과 관련해 노무현은 국민 여론과는 엇박자로 나가는 경우가 적지 않았다. 대연정 제안, 국가보안법 폐지, 유시민 장관 임명, 김병준 총리 내정 등이 그랬다. 그러면서 그는 '인기에 신경 쓰지 않겠다'고 했다. 그의 말은 듣기에 따라서 '국민이 어떻게 생각하든, 내가 하고 싶은 대로 하겠다'는 식으로 들렸다.

원칙과 소신이 독선과 아집으로

2006년 지방자치 선거에서 여당이 한국 정치사에 유례를 찾을 수 없는 참패를 당한 후 노무현은 "선거 한 두번 졌다고 나라 망하는 것 아니다"라고 말해, 유권자의 자존심을 크게 상하게 했다.

그렇게 말하는 대신 그는 선거 결과가 나온 직후 청와대에서 대책

회의를 주재했어야 했다. 그것은 선거결과에 승복한다는 대국민 메시지이며, 유권자에 대한 최소한의 예의일 것이기 때문이다.

노무현은 이같은 언행으로 점차 국민들로부터 신뢰를 상실해 갔다. 이로써 그의 지도력은 치명상을 입는다. 지도력의 근본은 신뢰이기 때문이다.

그에 대한 인상은 긍정에서 부정으로 바뀌었다. 처음에 국민들이 환호했던 노무현의 '원칙과 소신'은 '독선과 아집'으로 인식되었다. 일반국민의 눈에 그의 서민적 체취와 인간미는 품격없는 천박함으로 변질되었다.

그는 근본적으로 탁월한 의사전달 능력을 소유했음에도, 국민과의 의사소통에 실패한 대통령이 되었다. 나중에는, 탁자 위에 컵이 하나 놓여있는데 노대통령이 '이것은 컵이다'하고 여론조사를 해보면, '컵이 아니다'가 더 많이 나온다는 말이 나올 정도였다.

노무현은 왜 국민과의 의사소통에 실패했을까. 말은 정치의 본질이란 사실을 망각했기 때문이다. 말은 정치의 수단 정도가 아니라, 말은 그것 자체로서 생명력을 지닌 정치 자체란 인식이 부족했던 것이다.

노무현은 말로 일어섰고, 말로 몰락했다.

노무현
말의 특징

말은 한 민족을 규정하는 가장 중요한 요소이며, 말에는 그 민족의 희로애락의 정서와 역사적 전통이 녹아 있다. 거기에는 국민성과 민족혼이 들어 있다. 말에는 그 사회의 문화가 그대로 투영되어 있다.

개인의 경우에도, 말은 한 사람의 생각을 드러내고, 또 생각과 행동을 통제한다. 말은 개인의 정서, 지적 수준, 심리상태를 반영하고, 인생관을 담고 있다. 말은 곧 그 사람의 인격이라고 할 수 있다.

그런 관점에서 노무현의 말을 분석해 보면, 그의 생각과 심리 상태, 그리고 그가 살아온 역정과 추구하는 가치를 유추할 수 있다. 그의 말은 긍정적이든 부정적이든 두드러진 특징이 있다. 그만큼 개성이 강하다는 말일 것이다.

그는 우선 서민이 사용하는 세속적인 말을 자주 썼다. 이는 국민들에게 친근감을 주기 위한 의도였던 것 같다. 그가 그리던 대통령상은 권위 있는 대통령, 군림하는 대통령이 아니라 누구에게나 격의 없는 '서민 대통령'이었다. 대통령이 되기 전부터 그는 '앞으로 대통령은 여태까지처럼 카리스마가 있고 권위적인 대통령이 아니라, 격의 없고 누구나 접근하기 쉬운 대통령일 것'이라고 말하곤 했다.

노무현이 사용한 속어는 바로 그가 상정한 대통령상에서 연유했다고 할 수 있다.

비속어와 직설화법

노무현 말의 또 한가지 특징은 직설적인 화법이다. 야당, 언론, 대선후보들에 대해서 직설화법을 통해 가차없이 공격하곤 했다. 고건 전총리에 대해서는 "잘못된 인사"라고 했고, 정운찬 전 서울대 총장에 대해서는 "경제공부 좀 했다고 경제 잘하는 게 아니다"라고 했다.

손학규 전 경기도 지사에 대해서는 '보따리 장사' 운운하며 "원칙을 파괴하고 반칙하는 사람은 정치인 자격이 없다"고 했다. 정동영, 김근태 전열린우리당 당의장에 대해서는 "대통령이 되기 위해 당을 깨고 만들고, 지역을 가르고, 야합하고, 보따리를 싸들고 이당 저당을 옮겨 다니던 구태정치의 고질병이 다시 도졌다"고 직격탄을 날렸다.

그는 "한나라당의 사학법 연계 전략은 인질 정치 내지 파업 정치"라고 야당을 공격했다. 이명박을 겨냥해 "대통령 될 자격이 없다"고 폄하했고, 박근혜를 "독재자의 딸"이라고 서슴없이 비난하기도 했다.

뿐만 아니라 그는 "깽판" "때깔" "꼴통" "조진다" "못해먹겠다" "미국 엉덩이" "형님 빽" "거들먹거린다" "쪽팔린다" "대못질하겠다" "찍혔다" "떡이 됐다" "죽사발" 등 정제되지 않은 원색적인 용어를 구사하곤 했다. 이는 그의 격정적이고도 공격적인 성격을 말해 준다.

애매모호한 표현 역시 노무현 말의 특징 중 하나다. 지도자는 특히 혼란이나 위기를 맞았을 때 명쾌한 언어로 방향을 제시해야 한다. 그러나 그는 북한의 핵실험으로 온 국민이 불안해하는 판국에 애매모호한 표현을 사용해 국민들을 헷갈리게 했다. 그는 "북한이 핵실험을 강행한 마당에 기존의 햇볕정책이 앞으로도 반드시 유효하다고 말하는 것이 설득력이 있을 것인지 의문이다"라고 말하며, 대북 포용정책을 포기할 것인지, 지속할 것인지에 대해 명확한 방향을 제시하지 않고, 양다리 걸치는 듯한 태도를 취했다.

즉흥적이고 감성적

노무현의 말은 즉흥성이 강하다. 긍정적으로 보면 순발력이 있다고 볼수도 있지만, 준비성이 없고 신중하지 못하다는 의미일 수 있다. 그는 아베 일본 수상과 회담할 때 한국은 '동해'를, 일본은 '일본해'를 고집하니 '평화의 바다'로 부르는 게 어떻겠느냐고 제안했다. 아베는 노대통령의 제안을 일언지하에 거절했다.

이는 곧 노대통령이 깊이 생각하지 않고 함부로 말함으로써, 외교 무대에서 망신당하는 것처럼 보여 우리 국민의 자존심을 훼손시켰다.

그의 말은 감성적이고 감정적이다. 그는 대통령 후보 시절 장인의 좌파 행적이 문제로 대두되었을 때, "그렇다고 조강지처를 버리란 말이냐"란 국민의 감성을 자극하는 한마디로 논란을 잠재웠다.

2006년 12월 민주평화통일자문회의에서 연설할 때 그는 극히 감정적인 태도를 보였다. "미국 엉덩이 뒤에 숨어서 형님, 형님 빽만 믿겠다고 있어야만 하느냐" "……나 국방장관이오, 나 참모총장이오, 그렇게 별들 달고 거들먹거리고 말았다는 건가" 그는 속에 울분으로 가득 차 있었고, 연설을 하면서 점점 격앙되어 감정을 통제하지 못하는 것처럼 보였다.

노무현의 말은 그를 청문회 스타로 만들만큼 논리적이고, 설득력이 있는 반면 상황에 따라 감정적이고 공격적이고 선동적이며 즉흥적이기까지 하다. 그는 직설화법을 자주 쓰면서도 경우에 따라 애매모호한 화법을 사용해 국민을 혼란스럽게 했다.

그는 정치행태에서도 유별나게 강한 개성으로 자기 스타일을 고집했고, '역발상' 의식으로 일반적인 생각과 관행을 따르기를 거부했다. 그래서 그의 결정은 국민의 여론과는 엇박자로 나가는 경우가 많았다.

그의 말과 정치행태는 오랫동안 비주류로 살아오면서 형성된 열등의식과 열악한 여건을 뒤집기로 이겨온 우월의식이 혼합된 '콤프라이드'compride에 바탕한다. 그래서 그는 권력의 정상에서도 피해의식을 버리지 못했고, 때로는 스스로 약자로 인식하곤 했다.

국민들은 노무현이 사용한 세속적이고 원색적이며 직설적이고 공격적인 용어와 화법에 익숙하지 못했고, 갈수록 친근감이나 멋 대신 천박함으로 받아들였다.

국민들은 그에게 대통령다운 말, 대통령의 언어를 요구했던 것이다.

노무현과
언론

노무현의 신문에 대한, 특히 조선일보·중앙일보·동아일보에 대한, 태도는 항상 화가 잔뜩 나 있는 모습을 연상시킨다. 그는 임기 내내 이른바 조·중·동 3대 메이저 신문에 대한 불신감을 여지없이 드러냈다.

그는 메이저 신문들을 적으로 규정하는 듯했다. 청와대는 물론 정부 부처에 틀린 보도에 대한 정정기사와 반박문 게재를 언론사에 강하게 요구할 것을 주문했고, 악의성이 있다고 판단되는 보도에 대해서는 고발조치를 취하도록 독려했다.

이같은 노무현의 생각과 행태는 언론과의 관계를 악화시켰고, 노무현에 대한 언론의 시각 역시 점점 비우호적으로 되어갔다. 따라서 노무현과 언론의 관계는 악순환의 연속이었다.

노무현은 임기 내내 언론과 마찰을 빚었고, 기자들에 대한 반감을 표출하곤 했다. "우리 매체는 시각이 너무 단편적이다. 방송이든 신문이든 기자실에 앉아서 '이거 어떻게 써야 하나'라고 하면 '이렇게 써야 한다'고 의견을 나눈다. 이렇게 가면 악의가 없더라도 매체는 망하는 거다." 그의 말은 신문, 방송 기자들이 기사 작성과 관련한 담합행위를 시사하는 것이어서, 각 부처 출입기자들의 거센 반발을 불렀다.

임기 내내 언론과 마찰

반면 그는 인터넷 매체와는 매우 우호적인 관계를 유지했다. 인터넷 매체는 2002년 대통령 선거때 노무현의 당선에 크게 기여했다. 선거때마다 거의 절대적인 영향력을 행사했던 신문의 영향력을 현격히 약화시킨 것으로 평가받는다.

"솔직히 온라인 매체조차 없었더라면 제가 어떻게 정치무대에서 이만큼이라도 유지해갈 수 있었겠느냐고 생각한다……. 인터넷 매체가 기존 매체와는 좀 다른 견제, 보완적 역할을 할 수 있다고 본다." 대통령 재임시 노무현의 이 말은 인터넷 매체에 대한 강한 애정을 드러낸다.

그는 후보 경선에 임하기 전 조선일보 한 신문만을 타겟으로 잡았지만, 대통령이 된 후에는 이른바 조·중·동 3대 메이저 신문을 공격 대상으로 삼았다.

그의 이른바 '보수 언론'에 대한 불신은 뿌리가 깊다. 그들은 일제시대에는 친일을 하고, 군사독재 시대에는 독재정권과 결탁해 민주화 세력과 서민의 정당한 권리를 억압하면서 특권과 특혜를 누렸다는 것이 그의 시각이다.

그는 또 보수 언론이 정치권력을 조종하려는 의도와 계획 아래 선거때마다 노골적으로 개입해 왔고, 자신은 아직까지 살아오면서 계속 보수 언론에 당했다고 주장한다. 그는 보수 언론에 대해 심한 피해의 식을 가진 듯하다.

그 피해의식은 권력을 잡은 후 한걸음 더 나아가 적대감으로 변해 언론을 싸움의 대상으로 생각했다. 그는 "국민은 직접 정부를 볼 수 없고 거울을 통해 볼 수 있는데, 그 거울이 지금 색깔이 칠해져 있고 일그러져 있다"고 대 언론 불신감을 드러냈다. 언론을 반드시 개혁해 야 한다, 그렇지 않으면 다른 개혁은 공염불에 불과하다고 판단한 듯 하다.

피해의식이 적대감으로

급기야 그는 임기 말기에 정부 부처 브리핑 룸을 통·폐합하는 조 치를 취해 언론사는 물론 정치권과 시민사회 단체들로부터 극심한 반 발을 사기에 이른다.

문제는 그가 말하는 언론의 이상과 언론개혁이 지나치게 자기 기준 에 집착했던 데 있다. 그는 자신이 설정한 기준으로 언론을 재단하려 했고, 언론을 개혁하려고 한 '왜곡된 사명감'을 가지고 있었다.

언론의 노무현에 대한 보도 태도는 사안에 따라 지나친 감이 없지 않았다. 미운털이 한번 박히자 관성적으로 부정적인 관점에서 노무현 을 다룬 측면이 있다.

반면 노무현은 언론의 존재 이유가 본질적으로 칭찬보다는 비판에 있다는 점을 간과한 듯하다. 그는 자신이 정한 공정의 잣대를 들이대 며 '언론이 왜 나만 헐뜯고 공격하느냐. 명백한 불공정 보도다'라면서 억울해하며 분통을 터뜨렸다.

노무현의 이같은 행태는 언론에 대한 몰이해와 관계가 있다. 언론은 사람들의 생각과 세상에서 일어난 일들을 언어를 통해 전달한다. 일부 언론의 왜곡된 보도태도에도 불구하고 일반 국민은 언론을 통해 현실을 인식하고, 사실을 확인한다. 대부분의 경우 언론이 취급하지 않은 사건은 묻히게 되고, 별로 중요하게 여겨지지 않는다. 대다수 사람들은 언론이 해석한 시각으로 인물과 사건들을 받아들인다.

따라서 언론은 사건을 해석하는 데서 나아가 사건의 창조자다. 사사건건 언론과 부딪치며 맞섰던 노무현은 이 점에서 이해가 부족했던 것이 아닐까.

노무현
말의 파장(1)

　　노무현은 2003년 5월 대통령 취임후 석달도 안돼 "전부 힘으로 하려 하니 대통령이 다 양보할 수도 없고, 이러다 대통령직 못해 먹겠다는 생각이 든다"고 말해 파문을 일으켰다. 이때만 해도 국민들은 노무현의 이 말에 대해 경솔하고 무책임하다고 생각하면서도, 대통령이 제대로 해보려는 데 기득권층의 저항이 심한 것으로 이해하려는 사람이 많았던 듯하다.

　　2003년 10월 노무현은 최도술 청와대 총무비서관의 SK 자금 수수 사건과 관련해 "재신임을 묻겠다"고 해 국민을 다시 한번 놀라게 하고, 정치권을 회오리치게 만들었다. 대다수 국민들은 노무현의 결벽적 국정운영 태도와 함께 그가 대통령직을 너무 가볍게 생각하는 것 아닌가에 대해 걱정스러워했다.

　　그 두 달 후 노무현은 "우리의 불법 자금 규모가 한나라당의 10분의 1이 넘으면 정계를 은퇴하겠다"고 해 야당의 극심한 반발과 함께 정국을 소용돌이치게 했다. 검찰수사 결과 사실이 아닌 것으로 판명되기도 했지만, 국정 최고 지도자로서 불필요한 말을 극단적으로 표현해 궁지에 몰렸던 또 하나의 사례이기도 하다.

부동산 정책과 관련해 그는 집권 초기부터 강한 어조로 호언장담하곤 했다. "부동산 투기로 떼돈 벌 수 없다는 것만은 분명하게 보여드리겠다" "강남이 불패라면 대통령도 불패다" "투기와의 전쟁에서 반드시 승리할 것이다" "하늘이 두 쪽 나더라도 부동산만큼은 확실히 잡겠다는 메시지를 국민들에게 드리고 싶다. 부동산 정책에 더욱 올인할 것이다"라고 말했다.

임기 중 사퇴 암시 수차례

그러나 정부의 새로운 부동산 정책이 발표될 때마다 집값은 뛰었고, 정부가 기대한 효과는 나타나지 않았다. 정책에 감정이 들어가 있어 시장의 움직임을 정확하게 파악하지 못한 때문이었다.

결국 그는 2006년 12월 "부동산 빼곤 꿀릴 것이 없다. 정책에 시행착오가 있었다는 것을 인정한다면 제일 큰 게 부동산이다. 부동산이 이 이상 악화 안되도록 반드시 잡겠다"라고 말해 사실상 부동산 정책의 실패를 자인했다. 물론 그는 실패의 원인을 부동산 가진 자들의 저항과 부동산 신문들의 흔들기로 돌렸다.

2006년 11월 말 노무현은 헌재소장 임명동의안 철회와 관련해 "현실적으로 상황이 굴복하지 않을 수 없는 상황이라서 대통령이 굴복했다. 이제 대통령 인사권이 사사건건 시비가 걸리고 있어서 대통령의 권한 행사가 대단히 어려운 상황이다"라고 말했다. 그는 이어서 "다만 임기를 다 마치지 않은 첫 번째 대통령이 되지 않았으면 좋겠다고 희망한다"고 말하면서 스스로의 임기 문제를 다시 거론해 정치권과 국민을 긴장시켰다.

2006년 12월 초 그는 "북한이 핵무기 실험을 한번 했다고 한국보다 군사적으로 우세해 지지 않는다. 궁극적으로 설사 핵무기를 갖고 있다 할지라도 전쟁을 해도 절대로 북한이 이길 수 없다"라고 말했다. 그의 말은 북한의 핵실험으로 가뜩이나 안보에 대해 불안감을 가지고 있던 국민들의 마음을 더욱 불안하게 만들었다. 재래식 무기는 아무리 많아도 핵무기를 상대할 수 없다는 것이 상식이기 때문이다.

'고건은 실패한 인사'

같은 달 하순 노무현은 민주평통 자문위원들이 모인 행사에서 메가톤급 막말들을 쏟아냈다. "북한이 미사일을 쐈는데, 강원도 북쪽 어디에서 저 함경북도 앞바다 어느 쪽으로 미사일을 쏘았다. 한국으로 그 미사일이 날아오지 않는다는 것은 명백한 사실 아니냐" "미국 엉덩이 뒤에 숨어서 '형님, 형님 빽만 믿겠다'고 있어야만 하느냐. 한번씩 배짱이라도 낼 수 있어야 될 것 아니냐" "자기 군대 작전통제도 제대로 할 수 없는 군대를 만들어 놓고 나 국방장관이오, 나 참모총장이오, 그렇게 별들 달고 거들먹거리고 말았다는 건가."

"고건은 실패한 인사"라는 말도 이때 나왔다.

2007년 청와대 신년 인사회때 그는 "국민들 평가를 잘 받고 싶은 욕심이 있었지만 작년에 완전히 포기했다. 2007년에는 신경쓰지 않는 게 좋겠다고 생각한다"라고 말했다. 국민들의 평가를 포기한다는 말은 인기에 연연하지 않고 소신껏 일하겠다는 의미로 긍정적으로 받아들일 수도 있다. 그러나 듣기에 따라서는 국민의 뜻이야 어떻든 상관없이 내 갈길 가겠다는 말로 들릴 수 있다. 여태 노대통령 행태의 연장선에서 많은 사람들은 이 말을 후자의 시각으로 받아들였다.

노무현
말의 파장(2)

2007년 연초 노무현은 느닷없이 대통령 4년 중임제 등을 내용으로 한 개헌 문제를 들고 나와 온 나라를 들썩거리게 했다. 정략적 목적이 아니라는 그의 강변에도 불구하고, 임기 1년을 남긴 시점에서의 개헌 논의는 매우 부적절하다는 것이 일반적 인식이었다. 더욱이 2006년 2월말에는 "대통령이 개헌 얘기를 꺼내 쟁점화하고, 추진해 나가기엔 적절치 않다. 역량 밖인 것 같다" "되지도 않을 일이고, 우선 순위에서 다른 것을 희생시키며 정치 쟁점으로 삼는 것은 적절치 않다"라고 말했던 터다.

그는 대국민담화를 통해 개헌 제안을 한 후 여당지도부와 회동시 "개헌 안돼도 상관없다. 개헌을 발의한 대통령으로 역사에 기록되면 그것으로 만족한다. 내가 손해보는 장사가 절대 아니다"라고 말했다. 그는 뒤이어 언론사 편집국장 간담회에서는 "내가 설득되기 전에는 권한을 행사하겠다. 그후 국회에서 부결하면 이 노력은 중단될 수 밖에 없다. 그러나 그 정당과 당의 대선 후보들 모두 정치적 부담을 짊어지고 가야 할 것이다"라고 말하며 야당을 압박했다.

그 후 노무현은 여·야당과의 정치적 타협에 의해 개헌안을 거둬들임으로써 개헌 논란에 종지부를 찍었다.

전직 여당대표들 공격

한동안 침묵하는가 싶던 노무현은 그해 5월 '청와대 브리핑'에 올린 글을 통해 여당 당의장을 지낸 정동영과 김근태를 향해 포문을 열었다. 그는 당해체와 경선불참을 선언한 정동영, 김근태의 행태를 '대통령이 되기 위해 당을 깨려고 공작하는 구태정치'로 규정했다.

그는 "대통령이 되기 위해 당을 깨고 만들고, 지역을 가르고, 야합하고, 보따리 싸들고 이당 저당을 옮겨다니던 구태정치의 고질병, 당신들이 열린우리당을 창당하면서 엄숙한 표정으로 국민들에게 청산을 약속했던 그 구태정치의 고질병이 다시 도졌다"고 공격했다. 그는 이어 "정말 당을 해체해야 할 정도로 잘못됐다면 깨끗하게 정치를 그만두는 게 국민에 대한 도리"라며 두 전 의장의 정계은퇴를 거론했다.

노무현의 공격에 대해 정동영, 김근태는 격렬하게 반발했다. 정동영은 "독선, 오만에 기초한 공포정치" "노무현 표류가 당 좌절 원인"이라며 "편가르기가 양심이냐" "친노로 집권하려는 것은 손바닥으로 하늘을 가리는 것"이라고 반격했다. 김근태 역시 "노대통령 편지 정치는 이적행위" "상대에 딱지 붙이고 매도" "노무현 정치는 분열정치"라면서 "당적없는 대통령은 자숙하라" "노대통령이 다른 후보를 죽여 친노 후보를 세우려 한다"고 반격했다.

6월들어 노무현은 언론이 '4시간 원맨쇼'라고 표현한 참여정부평가포럼 연설에서 작심한 듯 독설과 자극적인 막말을 쏟아냈다.

"한나라당이 정권 잡으면 복지분야에서 국물도 없다" "한나라당이 정권 잡으면 끔찍할 것" "제정신 가진 사람이 대운하에 민자투자하겠나" "해외 신문에 독재자의 딸이라고 나면 곤란하다" "이명박과 박근혜는 불안하다. 현 정부 정책을 그냥 베껴가라" "한나라당 정체성은 수구" "(정동영, 김근태 전의장을 겨냥해) 장관을 지내고 나가 차별화만 시도하는 사람들" "백번 양보해도 손학규씨가 왜 여권인가. 정부에 대한 모독이다" "100년이 넘는 꼴통 과제" "캬, 토론하고 싶은데 그놈의 헌법에 못하게 돼 있으니"

선관위의 '위법 판정'

그는 경제, 안보 등 거의 모든 국정운영에서 잘못한 것이 없다고 강조하면서, 자신을 '혁신 대통령' '과장급 대통령이면서도 세계적인 대통령' '20~30년 묵은 과제를 해결한 설거지 대통령'이라고 지칭했다.

중앙선관위는 노대통령의 발언에 대해 '위법 결정'을 내렸다.

선관위가 위법 판정을 내린 바로 다음날 노무현은 원광대에서 명예 정치학박사 학위를 받았다. 그날 그는 74분간의 강연을 통해 이명박, 박근혜 때리기와 언론, 탈당파 때리기를 계속했다. 이명박에 대해서는 "자화자찬 같지만 노명박(명예박사)만큼만 해라"고 했고, 박근혜에 대해서는 "합당과 연정을 구별하지도 못하면서 공격한다"고 했다.

그는 또 "언론은 가장 강력한 권력수단을 보유한 집단으로 독재시대에는 독재와 결탁하고, 시장이 지배하는 시대에는 시장 또는 시장 지배자와 결탁하고, 권력에 참여해 버스럭지를 얻어먹던 잘못된 언론이 많다. 정치하는 사람이 언론의 밥인데, 대통령도 밥이다"라고 했다.

탈당파에 대해서는 "정치를 제대로 배우지 못한 사람들이 국회에 왕창 들어와 가지고…… 왜 보따리 싸들고 오락가락하나"라면서 비난했다.

그는 "쪽 팔린다"는 비속어를 사용하면서 5년 단임제를 비판하기도 했다.

그는 남은 임기동안 또 어떤 말로 나라를 떠들썩하게 할지 모를 일이다.

노무현
사람들의 험구

신하는 주군을 따라가는가. 노무현의 사람들 역시 노무현 못지 않은 험구와 독설로 구설수에 올랐다.

그들은 철저하게 노무현을 감싸고돌면서, 온갖 논리를 동원해 그의 입장을 두둔했다. 그들은 때로는 억지 논리와 잘못된 사례를 끌어와 대통령이 추진하는 일과 정책을 뒷받침하려 했고, 때로는 대통령에 대해 과잉 충성하는 말로 사람들의 눈살을 찌푸리게 했다. 일반 여론을 거스르는 발언으로 국민의 가슴에 염장을 지르기도 했다.

2004년 10월 이해찬 총리는 해외 순방 중 베를린에서 기자들과 만찬을 하는 자리에서 조선일보와 동아일보에 대해 독설을 퍼부었다.

"조선일보와 동아일보는 역사의 반역자다. 노무현 대통령과 이해찬을 흔들려고 하지만 그렇게 되지 않는다. 조선과 동아는 정권을 농락할 수 있다고 생각하는 모양인데 그렇게 되지 않는다. 조선, 동아는 내 손아귀 안에서 논다. 조선, 동아는 더 이상 까불지 말라. 자기들이 권력인 줄 아는데 그렇지 않다."

국회에서 호통 친 이해찬 총리

그는 국회 본회의 답변 과정에서 야당의원과 얼굴을 붉히며 호통을 치듯 큰소리로 언쟁을 벌여 과거의 총리와는 전혀 다른 모습을 보였다.

이해찬은 대선후보 출마를 선언을 한 후 "주한 미대사를 지낸 크리스토퍼 힐 미국무부 차관보가 나를 보고 형이라고 한다. 총리 시절엔 미국무부 검색대를 통과했는데, 이번에 미국 가니까 힐이 검색대 안에까지 비서를 보내 검색하는 문이 없어졌다. 대통령급으로 들어간 것이다"고 말하기도 했다.

그는 또 한나라당 이명박, 박근혜 후보에 대해 "권투로 말하면 플라이급이나 라이트급 밖에 안된다. 열린우리당 후보들은 최소한 미들급은 된다. 한방이면 그냥 간다"고 말해 구설수에 올랐다.

그는 손학규 전 경기도 지사를 '기회주의자'라고 공격하기도 했다.

조기숙 청와대 홍보수석은 "노무현 대통령은 21세기에 가 계시고, 국민들은 아직도 독재시대의 지도자와 독재시대의 문화에 빠져 있다"며 "대통령이 자꾸 장기적인 혁신을 하려고 하는데 이게 국민들하고 의사소통이 잘 안 돼 있다"고 말해 파문을 일으켰다.

조기숙은 청와대 수석직을 내놓은 후에도 "탈당한 의원들은 의원직을 내놓고 무소속이든 새로운 정당이든 그 정당의 이름으로 재심판을 받아서 일을 추진하는 게 과정의 정당성이 있다고 본다"며 열린우리당 탈당파들의 의원직 사퇴를 촉구하고, 박근혜에 대해 "어머니와 아버지를 팔아서 정치를 하고 있다"며 직설적으로 비난하기도 했다.

'박정희는 고등학교 교장, 노무현은 대학교 총장'

이백만 국정홍보처 차장은 한 글에서 "박정희 전대통령이 대한민국 고등학교의 교장이면, 노무현 대통령은 대한민국 대학교의 총장 격"이라고 써 빈축을 샀고, 이어 "압축 성장을 할 때의 한국(박정희 시대)이 고속질주한 '고성능 자동차'였다면, 압축 발전을 지향하는 지금의 한국(노무현 시대)은 이륙을 준비하는 '갓 출고한 신형 비행기'"라고 주장해 노대통령에 대한 과잉 충성 논란을 낳았다.

노무현의 측근인 유시민 보건복지부 장관은 자신이 속한 열린우리 당에 대해 "분당으로 곧 사라질 것"이라며, "이로 인해 한나라당 집권 가능성이 현재로선 99%가 됐다"고 말해, 가뜩이나 미운 오리새끼 취급을 받던 여당으로부터 '해당행위'라며 강한 반발을 샀다.

유시민은 과거 한 잡지와의 인터뷰에서 "나는 기본적으로 종교 기관을 서비스업이라고 생각하는 사람이다. 정신적 안정, 그것이 장기간 지속되는 것이든 단기간에 사람을 마취시키는 것이든 그걸 주는 댓가로 헌금을 받는 서비스업이라고 생각한다"며 헌금행위와 신앙을 비하하면서 교회를 원색적으로 비난해 물의를 일으켰고, 교계의 강한 반발로 곤경에 처해지기도 했다.

그는 "(손학규는) 대변인 시절에 김대중 야당 총재를 향해 '정신병자'라고 말했고, 경기 지사를 할 때는 노무현 대통령 보고 '송장' '경포대'(경제포기한 대통령)라고 얘기했던 분"이라고 비난하면서 "입 조심하라"고 손학규에 일갈하기도 했다.

청와대 홍보수석과 대통령 비서실장을 지낸 이병완은 통합신당 논의와 관련 친노무현과 반노무현의 갈등이 격화되고 있는 가운데, 정동영, 김근태를 위시한 비노무현 그룹을 향해 "살모사 정치" "떴다방 정치"라며 강도 높게 비난해 당사자들로부터 강한 반발을 불렀다.

노무현의 후원회장을 지낸 이기명은 작통권 단독행사 반대 시위를 벌이며 거세게 반발하는 전직 군장성들에게 "쪽팔리게 하지 마시고 집에 계시라" "나라 망신시킨다고 놀린다" "천연덕스럽게 자기 얼굴에 침 뱉는 말을 한다" 등 '독설'을 날렸다.

노무현 대통령이 정동영, 김근태의 출당을 요구하자 그 역시 기다렸다는 듯 두 사람을 특유의 원색적 막말로 비난했다. "정동영 김근태란 사람들이 도대체 뭐하던 사람들인가. 모두가 당의장을 한 사람들이 지금 당을 말아먹지 못해서 안달이 났다"

김근태에 대해서는 "한마디로 짜증나는 정치인이자 능력 없는 정치인이다. 이제 조용히 사라지는 것이 마지막 봉사이다"라고 막말을 했다. 정동영에 대해서도 "당의 지지율 하락을 구실로 노무현을 비난하고 당은 해체되어야 한다니 은혜를 배신으로 갚는 것인가"라고 비난했다.

청와대 비서관의 야당 대표 공격

양정철 청와대 비서관은 청와대 브리핑에 글을 올려 노무현의 연정 제안을 거부한 박근혜 한나라당 대표를 비난해 물의를 일으켰다. "박 대표의 반응은 한마디로 '5무(책임감, 결단, 역사의식, 성찰, 일관성 결여)'"라고 주장해 '숨어서 일해야 할 일개 비서관이 야당 당수를 물고 늘어져 정치를 파행으로 이끌려 한다'는 비판을 들어야 했다.

그는 인사청탁을 거부한 문광부 차관에게 이른바 "배 째드리죠"란 폭언을 한 것으로 알려져 일반 국민의 분노를 샀다. 그는 이 발언을 부인했다. 그는 또 한나라당 강재섭 대표가 기자실 통폐합을 주도한 자신을 "사슴을 보고 말이라고 우기는 간신奸臣"으로 표현한 데 대해 "나는 간신이 아니라 사육신"이라고 주장하기도 했다.

이용훈 대법원장은 '변호사, 검사 비하' 발언으로 곤욕을 치러야 했다. "법조3륜(법원, 검찰, 변호사단체)이라는 말이 있는데 나는 이 말을 싫어한다. 사법의 중추는 법원이고 검찰과 변호사단체는 보조하는 기관이다. 무슨 같은 바퀴냐" "변호사들이 내는 자료라는 게 다 상대방을 속이려는 문서가 대부분이다." "검사가 조사한 수사기록이 나온 서류를 던져 버려라"

검찰과 변호사 단체는 강하게 반발했고, 그는 "거친 말을 하고 말실수를 했다. 많은 실수를 해서 법원 가족 여러분들에게 사과를 하고 싶다"라고 말해야 했다.

노무현의 사람들 역시 남은 임기동안 또 어떤 발언들로 세상을 시끄럽게 할 지 모를 일이다.

제2부
가장 강한 설득력은 진실이다
_지도자와 말

웅변은 지도자의
강력한 도구

지도력과 말은 어떤 관계가 있는가? 지도자에게 말은 얼마나 중요할까? 지도자가 꼭 말을 잘해야 한다는 법은 없다. 과묵하지만 뛰어난 통찰력과 실천력, 그리고 인품으로 탁월한 지도력을 발휘한 인물들은 역사에서 얼마든지 찾을 수 있다.

그러나 지도자의 임무가 사람들을 특정 목표로 이끌어 가는 것이라고 볼 때, 이 일을 위해 말은 매우 유용한 수단이며, 강력한 도구임을 부인할 사람은 없을 것이다. 그것이 긍정적이든 부정적이든 간에 역사에서 웅변가들의 영향을 배제하는 것은 불가능한 일이다.

역사는 정치, 종교, 사회의 개혁과 관련해 적지 않은 웅변가들을 배출했고, 그들에 의해 영향받았을 뿐 아니라 상당 부분 만들어졌다고 해도 과언이 아니다. 어느 국가 어느 시대나 그 역사를 이끌어 온 지도자들은 대부분 유명한 웅변가였다.

아테네의 데모스테네스, 로마를 정벌하기 위해 알프스를 넘었던 한

니발, 로마의 키케로와 노예 반란 지도자 스파르타쿠스, 미국의 독립 전쟁에 불을 붙인 패트릭 헨리와 노예해방의 아버지 에이브라함 링컨 등은 걸출한 웅변력을 갖춘 지도자들이었다.

백성들의 잠자는 영혼 일깨워

데모스테네스, 영국의 윈스턴 처칠과 대처 수상, 미국의 케네디 대통령과 아이아코카 전 크라이슬러 자동차 회장 등은 많은 시간을 연설 공부에 열중했기 때문에 성공할 수 있었다고 술회하기도 했다.

전쟁에 패한 후 온 국민이 절망감과 패배감으로 기진맥진해 있을 때 뜨거운 조국애와 불을 토하는 웅변으로 그들의 가슴 속에 새로운 소망과 비전을 심어준 지도자들이 있었다.

제국주의 압제 아래 신음하면서 체념한 가운데 살아가는 백성들의 잠자는 영혼을 웅변으로 흔들어 깨운 후 새로운 용기와 투혼을 불어 넣어 민족의 독립을 쟁취케 한 지도자들도 있었다.

혁명가들의 열정적인 웅변은 백성들의 불만을 조직화해 사회 부조리와 불의에 항거하게 함으로써 기존의 체제를 뒤엎고 새로운 질서를 창조해 낸다.

반면 파괴적인 선동가들은 무언가에 기대고 싶어하는 국민들을 현란한 거짓말로 유혹, 선동해 파멸의 길로 이끌었다.

웅변의 역사는 민주주의의 역사와 같다고 할 수 있다. 그래서 웅변은 민주주의가 일찍 발달했던 고대 그리스에서 시작되었다. 소크라테스가 변론 수사학교를 설립한 것이 본격적인 웅변 교습이었고, 플라톤이 아카데미아를 설립함으로써 궤변이 거부되고 철학을 바탕으로 진리를 추구하는 웅변이 뿌리를 내리기 시작했다. 플라톤, 아리스토

텔레스, 데모스테네스는 고대 그리스가 배출한 유명한 웅변가였다.

아테네의 웅변가들은 수천 명의 의원들에게 자신의 말을 전달하기 위해 명확한 목소리, 다양한 방식의 연설과 논쟁 기술을 연마했다. 데모스테네스는 입에 자갈을 물고 웅변 수련을 한 것으로 유명하다.

웅변의 발전은 로마로 이어졌다. 로마에서는 외교, 법, 군사, 행정 분야에서 웅변술이 핵심적인 역할을 할 만큼 웅변의 중요성이 강조되었다. 고대 로마를 대표하는 웅변가는 단연 키케로Cicero다. 그는 수사학의 대가이자 고전 라틴 산문의 창조자이며 동시에 완성자로 불린다. 그는 집정관으로서 카탈리나의 음모를 분쇄하여 '국부'의 칭호를 받았다. 그가 원로원에서 행한 '카탈리나 탄핵' 연설은 오늘날에도 유럽의 고등학생들이 적어도 한 번은 번역한다는 웅변의 텍스트로 통한다.

19세기 이탈리아의 도덕적 혁신의 필요성을 강조하며, 청년 이탈리아당을 만들어 이탈리아를 공화정치로 통일할 것을 주장한 쥬세페 마치니 역시 뛰어난 웅변가였다. 열정을 바탕한 그의 웅변은 국가 통일 초창기에 청년층에게 지대한 영향을 미쳤다.

웅변의 발전은 영국으로 이어져 영국 의회에서 토론 민주주의를 꽃피웠다. 영원한 맞수 윌리엄 글래드스턴과 벤자민 디즈렐리. 자유당을 대표한 글래드스턴과 보수당을 대표한 디즈렐리의 의회 연설 대결은 19세기 영국의 의회 민주주의를 한 단계 끌어올렸다고 해도 과언이 아닐 것이다.

세 치 혀로 오합지졸을 강한 군대로

뿐만 아니라 미국 독립전쟁 당시 패트릭 헨리, 조지 워싱턴, 토마스 제퍼슨의 웅변은 전투 참가자의 정신무장에 큰 역할을 했다. 링컨은 게티스버그의 연설로 세계 웅변사에 우뚝한 기념비를 세운다. 그의 연설은 탁월한 도덕성과 인격, 드높은 이상과 민주주의에 대한 확고한 신념, 그리고 진실에 바탕했기에 강한 감동을 주었다. 그의 연설은 대체로 간결하면서도 장엄했다.

러시아 혁명사에 불멸의 궤적을 남긴 혁명 투사 레온 트로츠키는 타의 추종을 불허하는 문필가이자 웅변가였다. 그는 혁명을 위해 날개 달린 호랑이처럼 이 도시, 저 도시를 뛰어 다녔고, 학교, 극장, 공장, 광장 할 것 없이 사람이 모이는 곳이면 닥치는 대로 찾아다니면서 노동자, 병사들을 설득했다. 그의 설득에 힘입어 농민들은 '붉은군대'에 가담했고, 그의 세 치 혀는 오합지졸의 대중을 1년 만에 강력한 군대로 양성해 냈다.

세계 제2차대전을 전후해 웅변가형 지도자들의 역할은 두드러졌다. 세계는 히틀러와 무솔리니 같은 선동가에 의해 찢기었고, 다시 처칠과 루스벨트 같은 웅변가에 의해 뭉쳐졌다.

20세기 들어 미국의 탁월한 웅변가라면 흑인 인권운동 지도자 마틴 루터 킹 목사를 들 수 있다. 언행일치의 삶, 도덕성, 용기에 바탕한 그의 탁월한 웅변력은 흑인들의 힘을 결집하고, 흑인들의 인권을 신장시키며, 미국을 평등사회로 만드는 데 결정적으로 공헌했다.

이렇듯 웅변력은 지도자에게 꼭 필요한 자질이다. 그런 의미에서 말과 지도력은 무시하지 못할 관계가 있다. 시대마다 지도자들은 맡은 바 소임을 감당했고, 그 사명을 수행하는 데 웅변력을 활용했다.

지도자의 웅변력은 곧 대 국민 의사소통 능력으로 대중을 설득해 목표를 지향하게 하는 능력이며, 특정 목적을 위해 국민을 결집하는 수단이다.

가장 강한 설득력은
진실

지도자가 말을 잘해야 할 필요가 있다면 그것은 대중을 올바른 목표로 효율적으로 이끌기 위함이다. 지도자의 말은 바른 목표와 이상을 실현하기 위해 대중을 설득하고, 그들에게 믿음과 용기를 심어 주며, 그들의 마음을 결집하고 행동을 유발시키는 기능, 그 이상도 그 이하도 아니다.

이는 지도자의 인격, 도덕성, 진실성, 애국애족의 열정과 자기 헌신, 그리고 희생을 전제로 한다. 이 일을 위해 지도자는 자신의 생각과 구상, 계획, 이상을 대중에게 효과적으로 설명함으로써 믿음을 갖게 하고 지지를 이끌어 내야 한다. 따라서 지도자는 그 일을 하기에 필요한 정도의 말솜씨는 반드시 갖추어야 한다.

이는 말만 번지르르하게 한다든지, 거짓으로 말을 잘한다는 것과는 본질적으로 다르다. 국회의원 선거를 비롯한 각종 선거에서는 오직 표를 얻기 위해 수단방법을 가리지 않는 거짓 공약, 인신공격, 흑색선

전, 지역감정 선동 행위가 난무하는 것을 어렵잖게 볼 수 있다. 이같
은 언행은 정치를 오염시키고, 국민의 정서를 망가뜨리며, 정치불신
을 깊게 하는 범죄행위이며 반지도자적 행태다.

말은 칼이다. 칼은 의사의 손에 들려있을 때 중환자의 생명을 살리
는데 쓰이나, 강도의 손에 들어가면 무고한 생명을 앗아가는 살인 무
기로 사용된다. 국리민복을 위한 일관된 원칙과 확고한 사명으로 무
장한 지도자의 능변은 나라와 국민을 살리는 강력한 도구이나, 부정
직하고 사리사욕을 채우려는 지도자의 현란한 말솜씨는 사악한 목적
에 사용되고, 민족을 선동해 패망의 길로 내몬다.

능변도 믿음 못 주면 공해에 불과

지도자가 아무리 말을 잘해도 국민이 믿지 않을 때 그것은 소음공
해에 불과하다. 말을 위한 말, 웅변을 위한 웅변은 자위 수단은 될지
언정 아무데도 쓸모없는 것이다. 눌변이라도 믿음을 줄 때 국민은 진
실로 받아들이며 그 말은 엄청난 위력을 발휘한다.

지도자의 위치에 있지 않더라도 자신의 의사를 분명하게 표현할 정
도의 화술은 필요하다. 그러나 그 역시 진실을 바탕으로 해야 함은 말
할 것도 없다. 실제보다 과장하거나 스스로를 과대포장하는 데 말이
활용되어서는 안 된다. 그래봐야 설득력도 없다. 아무리 말을 잘 한다
해도 그 사람이 진실을 말하지 않는 것 같은 인상을 줄 때 그는 말을
잘 하는 사람이 아니다. 진실은 가장 강한 설득력인 것이다.

따라서 사람들은 미리 준비된 연설이나 웅변을 신뢰하지 않는 경
향이 있다. 자연스럽게 나온 말을 진정한 것으로 받아들이는 것이다.
그래서 미국의 유명한 칼럼리스트로 한때 대통령 연설문 작성자였던

윌리엄 사파이어는 정치가들에게 '미리 계획된 것처럼 보이지 않도록' 가끔씩 일부러 실수를 저지르라고 충고했다. 로마의 걸출한 웅변가 키케로 역시 "훌륭한 연설가는 자연적인 본능에 따라야 한다"고 했다.

나는 대학에 들어가서부터 웅변에 많은 관심을 가졌다. 군에 입대해서는 군 웅변대회에서 여러 번 우승했고, 제대 후 대학 웅변대회에서 우승하기도 했다. 그러나 곧 웅변대회에 나가는 것을 포기했다. 말 잘하기 컨테스트라는 것이 어쩐지 위선이라는 느낌이 들었기 때문이다. 어떤 면에서 웅변술을 익힌다는 것은 과대포장 기술을 연마하는 것이다. 따라서 웅변이 효과에 치중하며, 인공적이고, 위선적이고, 진실을 가리는 측면이 있음을 누구도 부인하지 못할 것이다.

위대한 웅변은 언행일치의 삶이 뒷받침

진짜 웅변은 수사가 아니라 인격에서 나온다. 그렇다면 웅변술을 연마하는 것보다 인격을 다지고 사명을 새롭게 하는 일이 우선이다. 진실은 아무것도 가리지 않을 때 드러난다. 따라서 위대한 웅변은 위대한 사상과 생애가 뒷받침되어야 한다. 그래서 웅변은 양심을 더럽히지 않는 순교자적 정신을 조건으로 한다고 했다.

예를 들어 인도의 정신적 지도자였던 간디의 단식은 가장 강력하고도 설득력 있는 의사전달 수단이었다. 영국 식민지 하에서 그는 단식이란 언어를 활용해서 인도인들을 규합해 대영제국과 대결했고, 세계인들을 감동시켰다. 역사상 그의 단식보다 효과적이고 강력한 웅변은 드물었다. 이는 말할 것도 없이 그의 확고한 비전과 신념, 언행일치의 삶, 그리고 조국에 대한 철저한 헌신이 있었기 때문에 가능했다.

미국의 저명한 정치학자이며 역사학자인 게리 윌스는 웅변가의 첫 번째 조건은 "자신의 부름에 응답하는 영웅들을 만들어 내는 능력"이며, 웅변가의 마지막 조건은 "자신이 웅변한 것을 실천하기 위해 스스로 영웅이 될 수 있는 능력"이라고 했다.

예를 들어 미국의 흑인 민권 지도자 마틴 루터 킹은 자신이 던진 말에 따라 살 수밖에 없었다. 그의 웅변은 사람들을 영웅적인 행동으로 이끌었고, 그 사람들이 가는 길을 그도 갔다. 수많은 젊은이들이 그의 말에 따라 행동하다가 위험에 처하고, 감옥에 갔다. 뿐만 아니라 그의 웅변은 그로 하여금 스스로 죽음의 길로 나아가게 했다. 킹의 일생은 곧 웅변가의 언행일치 삶을 보여주는 대표적인 사례다.

로마의 불세출의 웅변가 키케로 역시 비슷한 길을 걸었다. 그는 성격이 우유부단해 일생을 통해 위험한 대결을 피해 살았지만, 자유를 찬양하는 데는 망설이지 않았기 때문에 많은 사람들로 하여금 독재에 저항하게 했다. 결국 키케로 자신도 용감하게 안토니우스에 대항해 연설함으로써 목숨을 대가로 치렀다.

말은 곧 인격으로서 생명력을 가지며, 한 사람의 인생을 이끈다. 세상을 변화시키고 역사를 만들어 간다. 그리고 진정한 웅변가는 그 말에 따라 정직하고 진실하게 일생을 사는 사람이다. 자신의 말과 행동이 일치하는 삶을 위해 죽음의 길도 마다하지 않는 사람이다.

지도자의
애매모호한 말

'의도적 애매모호성'intentional obscurity란 말이 있다. 이는 정치용어로 공직선거에 출마한 후보가 민감한 이슈에 대해 자신의 입장을 명백하게 밝힐 경우 특정 집단이나 이익단체로부터 비판을 받아 지지를 상실할 우려가 있을 때 의도적으로 애매모호한 입장을 취하는 행태를 말한다.

의도적 애매모호성은 말을 적당히 얼버무림으로써 어느 한쪽의 비판을 피하면서 양쪽으로부터 표를 얻어내려는 전략의 일환이다. 이는 또 첨예하게 대립하고 있는 집단들로 하여금 각각 자기 입장을 편드는 것처럼 착각하게 해 지지를 유도하려는 전략이기도 하다.

'의도적 애매모호' 전략은 대개 후보자가 자신의 지지 기반이 강고하지 않을 때 계층과 집단을 상대로 구사한다.

클린턴 전 미국 대통령은 상대 당의 정책적 입장을 취해 자기 것으로 만듦으로써 상대 당이 부각시키려는 정치적 이슈를 무력화시킬 뿐 아니라 이슈를 선점하는 데 선수였다. 유권자를 상대로 한 이같은 클린턴의 '정책 훔치기'policy cheating가 적극적 행태라면, '의도적 애매모호' 전략은 소극적이고 수동적인 행태라고 할 수 있다.

노태우의 아리송한 행태

반드시 선거가 아니더라도 정치에서는 의도적 애매모호성 행태가 다반사로 나타난다. 이른바 '노심' '김심' 등의 말은 이같은 행태를 상징한다. 이 말은 '최고 지도자의 의중'을 뜻하는 매스컴 용어다. 대통령은 선출직 당직 출마자 중 내심 누구를 지지할 것인가, 혹은 차기 후계자로 누구를 지지하고 있는가 등을 설명할 때 언론은 '×심'이란 용어를 사용하곤 한다.

노태우 대통령 후반기 언론은 '노심'이란 말을 처음 사용했다. 노태우의 6공 출범 당시 국회는 여소야대였다. 노태우는 취임 2년 후 자신이 이끄는 민정당을 김영삼이 이끄는 민주당, 김종필이 이끄는 신민주공화당과 합당함으로써 거대 여당인 민자당을 탄생시킨다.

3당 합당 후 민자당은 후계 구도를 둘러싼 권력투쟁으로 노태우의 임기 말까지 바람잘 날이 없을 정도로 시끄러웠다. 김영삼과 6공의 실력자 박철언의 갈등, YS의 당무 거부와 마산행, YS의 노태우에 대들기 등 다수파로서 칼자루를 쥔 민정계와 소수파로서 여권 내에서 유리한 고지를 차지하기 위해 안간힘을 쓰는 김영삼의 민주계 간의 권력 쟁탈과 힘겨루기는 하루가 멀다하고 신문의 머릿기사를 장식했다.

YS는 대세론을 주장하며 총선 전에 대선 후보를 가시화할 것을 강력하게 요구했다. 그러나 노태우는 이런 저런 핑계를 대며 시간을 끌면서 막판까지 YS의 애를 태웠다.

이럴 즈음 이른바 '노심'이란 말이 언론에 처음 등장했다. 노 대통령은 내심 누구를 후계자로 점지하고 있을까, 진짜 노 대통령의 마음은 무엇일까를 유추하는 데서 언론은 '노심'이란 말을 사용했다. 이 말은 '물태우'로 불렸던 노태우의 우유부단한 성격과 정치행태를 잘 드러낸다. '노심'이란 말은 바로 그의 이것도 저것도 아닌 어정쩡한 입장과 현안에 대한 미온적이고 뜨뜻미지근한 태도의 함의였다.

사안에 대한 대처에서부터 후계자를 정하는 문제에 이르기까지 무엇하나 딱부러진 입장을 보이지 않고 아리송한 태도를 보인 데서 언론이 노 대통령의 의중이 과연 무엇이냐는 의문을 제기하며 '노심'이란 용어를 쓴 것은 어쩌면 자연스런 일이다.

노태우 이전의 대통령들도 사안에 따라 애매모호한 태도를 취한 경우가 적지 않았을 것이다. 그것이 때로는 전략상 필요했을 것이기 때문이다. 그러나 유독 노태우 정부에 들어 '노심'이란 말이 생긴 것을 보면 전략 측면보다도 개인의 성격 자체가 우유부단했기 때문이 아닌가 싶다.

노 대통령의 퇴임 후 김영삼 대통령 때에도 '김심'이란 용어는 계속 사용되었고, 그후에도 '×심'이란 말은 '대통령의 의중'이란 의미로 거의 보통명사화했다 해도 과언이 아니다. 국회의원 선거 때 공천, 원내총무 경선, 그리고 대선 후보 결정 과정에서 '×심'이란 용어는 통상 쓰인다.

'×심'이란 용어는 아직까지는 어떤 사안과 관련해 확실한 결정권을 가진 권력자, 즉 대통령 혹은 정당의 총재 정도에게만 쓰이는 '대우받는 언어'이다.

국민을 헷갈리게 해

　대통령은 물론 한 정당의 총재가 누구를 지지하느냐의 문제는 각종 사안에 있어 결정적인 영향을 미칠 수 있으므로, 선거 출마자들과 차기 권력 경쟁자들은 서로가 최고 결정권자의 낙점을 받기 위해, 즉 그의 마음을 얻기 위해 혼신의 노력을 다한다. 후보자들은 판세를 자신에게 유리하게 이끌기 위해 서로가 '×심'이 자기 편이라면서 자가발전하곤 한다.

　최고 의사결정권자가 각종 사안에 대해 확실한 입장을 밝힌다면 '×심'이란 말을 사용할 필요가 없을 것이다. 겉으로는 중립인 체하면서 내심 특정인을 지지하는 경우 언론과 일반 국민은 '×심'을 헤아리려고 한다.

　의도적으로 애매모호한 용어를 사용함으로써 정치적 효과를 극대화시키는 데 있어 탁월한 재주를 가진 사람은 단연 김종필 자민련 총재가 될 것이다. 그는 정치권과 언론이 그 진의가 무엇인지를 놓고 설왕설래하도록 이렇게도 저렇게도 해석될 수 있는 말을 한 마디씩 던지기로 유명하다. 그의 알쏭달쏭한 말은 여유와 운취가 있고 감칠맛이 날 때도 있지만, 국민을 헷갈리게 하기도 한다.

　지도자의 불확실하고 아리송한 언행은 국민을 혼란케 하고 국력을 낭비하게 만든다. 이같은 애매모호한 행태는 정치를 테크닉 차원에서 접근하는 것으로 결국 국민과 유권자들을 속이는 일이다. 지도자는 명확한 비전과 목표를 제시하고, 특정 사안에 대해 확실한 태도를 취함으로써 국민들로 하여금 정치를 예측할 수 있도록 해야할 책임이 있다.

영원한 맞수,
디즈렐리와 글래드스턴

불세출의 웅변가였던 벤자민 디즈렐리와 윌리엄 글래드스턴은 영국 정계의 영원한 맞수였다. 그들의 활동 무대는 19세기 중엽. 당시 영국은 빅토리아 여왕조 초기로, 봉건주의적 농업국에서 자본주의적 공업국으로 이행해 가는 과도기였다.

디즈렐리와 글래드스턴은 각각 보수당과 자유당의 수장으로서 용호상박의 대결을 펼치며 파란만장한 영국 정치사를 엮어 나갔다. 디즈렐리 전기는 글래드스턴의 존재 때문에 재미가 있고, 글래드스턴 전기 또한 디즈렐리의 출현으로 흥미가 있다. 두 사람은 마치 마차의 두 바퀴처럼 서로 밀접한 관계를 가짐으로써 영국 의회사에 색채와 활기를 던져 주었다. 그들만큼 의회를 지배한 사람은 영국사상 전무후무했다고 해도 과언이 아니다.

그들은 처음에는 한 당에서 함께 활동했으나 우연한 사건으로 인해 갈라진 후 영국 정계를 양분하여 각기 한 정당을 맡아 근 40년간 세계

입헌사상 유례없는 큰 싸움을 벌인다. 그들로 인해 영국은 양대 정당 시대로 돌입한다. 디즈렐리는 귀족 당에 지도 원리를 세워 보수당의 기틀을 만들었고, 글래드스턴은 자본가 당에 생명을 불어넣어 자유당을 만들었다.

여러 면에서 대조적인 두 사람

두 사람을 위대하게 만들었던 것은 그들의 웅변이었다. "디즈렐리가 일어섰다"는 말이 들리면 의사당 밖에 있던 의원들은 너도나도 의사당 안으로 쇄도해 들어가 의석에 자리잡았다. 그리고 물을 끼얹은 듯 조용한 가운데 그의 연설을 경청하고, 감동하고, 도취했다.

대중 정치가로서 글래드스턴의 인기는 영국 역사상 최고였다고 해도 과언이 아니다. 그의 전성시대에 동료의원들이 단상에 서서 말문이 막힐 때면, 오로지 '글래드스턴!' 하고 외치기만 하면 청중들의 갈채가 일어나, 그 사이에 자기의 생각을 정리하여 다시 연설을 계속할 수 있을 정도였다.

두 사람이 맹활약했던 의회는 사람들로 입추의 여지없이 꽉 들어찼고, 팽팽한 긴장감이 감돌았다. 방청석에는 왕족, 상원의원, 외국 사신들이 귀를 기울이는 가운데 두 사람은 연설 대결을 벌인다. 우국충정의 빼어난 웅변은 전체 의사당을 압도하고 국민 여론을 환기시켜 소수당의 내각이더라도 일거에 다수당을 제압해 의안을 통과시키곤 했다. 민감하고 중요한 사안일 경우 연일 충분한 토론을 거친 후 투표에 들어갔다.

실제로 듣지 못한 사람은 도저히 상상조차 할 수 없을 정도로 그들의 웅변은 탁월했다. 활자화된 연설문으로서는 생동감 있는 그들의 연설을 생생하게 느껴 볼 수 없다. 두 사람의 전기 작가들은 문자를 사용한 묘사만으로는 독자들에게 의회의 감동을 100분의 1도 전할 수가 없다고 탄식한다.

두 사람은 성격, 경력, 문벌 등에 있어 대조적이었고, 연설 스타일도 달랐다. 일본 작가 쓰루미 유스케는 디즈렐리 평전『어둠 속의 도약跳躍』에서 두 사람의 특징을 대비시켰다. 웅변가로서 글래드스턴은 세계 웅변가 중에 열 손가락을 꼽는다면 그 안에 들어갈 정도였다. 6척의 훤칠한 키에 늠름한 사자 같은 풍모인 그는 연설 도중 가끔 오른손을 힘있게 흔들며 책상을 내려치기도 했다. 강인한 체력에서 나오는 저력 있는 성량과 함께 음색은 맑고 음악적이었다.

그는 음성이 낭랑하여, 때로는 외우듯이, 때로는 노래하듯이, 그러나 어느 때는 사자가 포효하듯이 연설했다. 정부 예산을 설명하면, 건조한 숫자들이 빛을 발하고, 무미한 세목들은 생기가 돌았다. 사람들은 그의 연설을 2~3시간 동안 들은 뒤에도 연설이 끝날까봐 걱정할 정도였다.

반면 디즈렐리는 잠자듯이 눈을 가늘게 뜨고, 나지막한 음성으로 아무런 변화도 없이 무표정하게 연설했다. 두 손은 허리 뒤에 고정시켜 놓고 움직이지 않는다. 때로는 경구警句를 말하고, 그러다가 비웃듯이 말하기도 하고, 때로는 신랄하게 야유하며, 때로는 만당滿堂을 웃음 속으로 몰아 넣고는, 자기는 시치미를 뗀 채 모르는 척 한다.

의회 민주주의의 진수 맛보게 해

청중들은 무엇에 홀린 듯 어디로 끌려가는 줄도 모르고 그의 연설에 빠져들었다. 그러나 그의 냉정한 무표정이야말로 어떤 열변보다도 큰 힘으로 의사당을 위압했다. 그는 미성과 정확한 발음의 소유자로 음성을 능란하게 구사할 줄 알았다. 그는 처음에는 대단히 낮고 조용히 말을 시작했으나 그의 음성은 의회의 구석구석까지 잘 들렸다.

그는 다른 정치인이 갖지 못한 재주를 가지고 있었는데, 그것은 문재文才였다. 문장가다운 특색을 충분히 활용해 가장 조탁彫琢된 말을 골라서 사용했다. 고대의 데모스테네스와 키케로가 문장가였던 것처럼 디즈렐리의 웅변은 문예에 기초를 두고 청중을 감동시켰고, 후세 사람들을 감화시키고 있다.

글래드스턴은 우선 추상적인 대전제를 만들어 놓고 거기서부터 연역적으로 풀어나간다면, 디즈렐리는 눈앞의 사실을 관찰해 거기서부터 귀납적으로 설명하였다. 이처럼 두 사람의 개성은 극명한 대조를 이뤘다.

디즈렐리는 의회 연설에 있어서는 당대에 절대적인 인물이었지만 대중 연설에서는 글래드스턴의 적수가 되지 못했다. 수상직에 있던 디즈렐리는 아일랜드 국교 폐지 문제와 관련해 의회를 해산한 후 투표를 실시했으나 의석의 절대 다수를 획득하는 데 실패한 적이 있다. 자기가 투표권을 주어 정치적으로 해방시킨 도시 노동 대중은 보수당에 투표할 것이라는 디즈렐리의 기대는 글래드스턴의 눈부신 활약 앞에 여지없이 깨지고 말았다. 그는 대중 연설에 있어 글래드스턴의 천재성을 과소평가했던 것이다.

디즈렐리는 누구보다도 박식했고 놀라운 기억력을 가지고 있었다.

오랜 의원 생활 중에 단 한 번도 원고나 메모 쪽지를 사용하지 않았다. 연설을 암기했을 뿐 아니라 토론 상대자인 정적의 연설까지도 한 자 한 구도 틀림없이 인용하여 반박하곤 했다. 그는 어떤 문제가 돌발

하더라도 당황하지 않고 태연하게 자기 주장을 펴 나갔다.

숙명의 라이벌 글래드스턴과 디즈렐리. 그들이 있었기에 무미건조한 법률론과 숫자만 나열했던 영국의회는 그들이 활약했던 40년간 우아한 유머와 신랄한 풍자, 그리고 생기 넘치는 찬란한 명구와 재치의 장으로 되살아났고, 세계인들로 하여금 의회민주주의의 진수를 맛보게 했다.

웅변가형 지도자,
마틴 루터 킹

워싱턴 D.C. 중심부에 있는 워싱턴 몰은 미국 의회와 링컨기념관 사이에 펼쳐져 있는 넓은 녹지공간이다. 1963년 8월 23일 이곳은 아침 일찍부터 '평화 행진' 행사에 참여하기 위해 미 전역에서 모여든 25만 명의 흑인들로 입추의 여지없이 꽉 찼다.

이 행사는 노예해방 100주년을 기념해 열렸는데, 마틴 루터 킹 목사는 링컨 동상 앞의 연단에서 미국 인권운동사에 길이 남을 명연설을 했다. "나에겐 꿈이 있습니다"란 구절로 유명한 그의 연설은 미국인들에게 인종차별 문제의 심각성을 일깨웠고, 미국 인권운동의 발전에 크게 공헌했다. 그리고 그 연설은 민권운동 지도자로서 킹의 위치를 확고하게 만들었다.

"백 년 전, 한 위대한 미국인이 노예해방령에 사인을 했습니다. 지금 우리가 서 있는 이곳이 바로 그 상징적인 자리입니다. 그 중대한 선언은 불의의 불길에 시들어가고 있던 수백만 흑인 노예들에게 희망의 횃불로 다가왔습니다. (…중략…) 그러나 그로부터 백 년이 지난 오늘, 우리는 흑인들이 여전히 자유롭지 못한 비극적인 사실을 직시해야 합니다. 백 년 후에도 흑인들은 여전히 인종차별이라는 속박과 굴레 속에서 비참하고 불우하게 살아가고 있습니다."

미국 역사상 가장 위대한 웅변가

킹은 우선 자신의 연설을, 미국 정치사에 있어 또 하나의 기념비적 연설인 링컨의 게티스버그 연설에 연결시켰다. 그래서 자신의 말이 역사적 근원이 있음을 알리고 있다.

그는 링컨이 노예해방령, 즉 모든 인간에게 삶과 자유, 행복추구의 권리를 보장한다는 약속어음을 발행했는데, 그 수표가 '잔고 부족' 상태라고 말했다. 그는 이제 수표를 현금으로 바꿔야 할 때라고 말하고, "지금 이 순간이 바로 민주주의의 약속을 실현할 때"라고 선언한다.

그리고 경고한다. "흑인들의 정당한 불만이 표출되는 이 무더운 여름은 자유와 평등의 상쾌한 바람이 부는 가을이 찾아올 때까지 계속될 것입니다. 1963년은 끝이 아니라 시작입니다. 만일 이 나라가 다시 예전 상태로 돌아간다면, 흑인들이 좀 진정을 하고 자족해야 할 필요가 있다고 생각하는 사람들은 거친 방식으로 깨달음을 얻게 될 것입니다."

그는 청중들에게 이 운동이 비폭력적이어야 함을 강조한다. 그가 흑인들에게 불리한 사례들을 나열하는 동안 청중의 반응은 점점 고조되어갔다. 그리고 그는 그 유명한 "나에겐 꿈이 있습니다"란 구절을 반복하며 연설을 클라이맥스로 이끈다.

"나에겐 꿈이 있습니다. 언젠가 이 나라가 모든 인간은 평등하게 태어났다는 것을 자명한 진실로 받아들이고, 그 진정한 의미를 신조로 살아가게 되는 날이 오리라는 꿈입니다. 언젠가는 조지아의 붉은 언덕 위에 예전에 노예였던 부모의 자식과 노예의 주인이었던 부모의 자식들이 형제애의 식탁에 함께 둘러앉는 날이 오리라는 꿈입니다. (…중략…) 오늘 나에겐 꿈이 있습니다. 어느 날 모든 계곡이 높이 솟아오르고, 언덕과 산은 낮아지고, 거친 곳은 평평해지고, 굽은 곳은 곧게 펴지고, 하나님의 영광이 나타나 모든 사람들이 함께 그 광경을 지켜보는 꿈입니다."

"나의 조국은 자유의 땅, 나의 부모가 살다 죽은 땅, 개척자들의 자부심이 있는 땅, 모든 산에서 자유가 노래하게 하라. (…중략…) 그래서 자유가 뉴햄프셔의 거대한 언덕에서 울려 퍼지게 합시다. 자유가 뉴욕의 큰 산에서 울려 퍼지게 합시다. 자유가 펜실베니아의 앨러게니 산맥에서 울려 퍼지게 합시다."

적절한 비유와 생생한 사례, 품위 있는 표현, 유려한 문장, 무엇보다도 확고한 원칙과 신념, 그리고 불굴의 혼이 담긴 그의 연설문은 오늘날에도 진한 감동으로 우리의 가슴을 때린다.

많은 학자들은 마틴 루터 킹을 미국 역사상 가장 위대한 웅변가로 인정하는 데 주저하지 않는다. 미국의 저명한 정치학자이며 역사학자로 퓰리처상 수상자인 게리 윌스는 『시대를 움직인 16인의 리더』(원제: Certain Trumpets)에서 웅변가형 지도자로 마틴 루터 킹을 꼽았다.

신념으로 일관한 생애

킹은 그의 탁월한 웅변력으로 자포자기 상태에 있던 흑인들의 가슴에 긍지와 꿈을 심었고, 그들의 힘을 결집해 비폭력적 방법으로 인종

차별의 벽을 무너뜨리게 했다. 그의 인권운동은 곧 미국이 평등사회로 나아가는 데 촉매제로 작용했다.

킹은 대중연설에 천부적인 재질이 있었다. 특별히 준비하고 연습한 것도 없었지만 다양한 연설기법을 완벽하게 구사함으로써 청중에게 확신을 심어 주었다. 그는 비록 난해한 내용을 인용하더라도 모두가 쉽게 이해할 수 있는 단어를 사용함으로써 청중의 공감대를 형성했다. 또한 연설 도중 적절한 사례를 듦으로써 설득력을 높였고, 특정 구절을 반복 사용함으로써 듣는 사람이 그 내용을 자연스럽게 이해하도록 유도했다.

그는 청중의 반응에 따라 연설 내용을 조정했을 뿐 아니라 청중의 반응에 기민하게 부응할 줄 아는 능력을 가진 타고난 연설가였다. 그의 연설은 진실하고 진지할 뿐 아니라, 단순했고, 어디서든 흑인들의 가슴에 희망과 긍지를 심어 주었다.

킹의 웅변이 모든 사람을 감동시키고 시대를 움직인 것은 말할 것도 없이 신념으로 일관한 그의 생애가 뒷받침되었기 때문이다. 그는 감옥을 제집 드나들 듯하며 민권운동을 지휘했던 진정한 투사였다. 백인의 인종분리제도를 타파하기 위해 폭력을 쓰지 않았다는 점에서 그의 흑인평등권운동은 더욱 빛을 발한다. 그의 진심에서 우러나오는 사랑의 호소는 인류를 감동시키기에 충분했다.

1968년 킹이 미국 멤피스에서 괴한의 총탄에 쓰러진 18년 후, 로널드 레이건 대통령은 킹의 생일을 국가의 휴일로 정하는 법안에 서명했다. 미국이 특정인의 생일을 국경일로 삼은 것은 초대 대통령 워싱턴과 킹, 단 두 사람뿐이다.

웅변가로서 킹은 자신이 던진 말에 따라 살았다. 그는 행동으로 보여 주었기에 사람들은 그를 신뢰했다. 그의 웅변은 사람들로 하여금 위험을 무릅쓰고 의로운 길로 나아가게 했다. 그 자신 역시 웅변가의 사명에 따라 위험한 길을 걸으며 죽음과 직면했다.

선동가의 전형,
아돌프 히틀러

20세기 전반기 세계사를 결정 지은 대표적인 인물. 20세기 인류역사에 가장 큰 해악을 끼친 사람. 인간이 지닌 악마성에 대한 상상의 한계를 극한으로 넓히고 스스로 그것을 육화한 인물.

이쯤 되면 이것이 누구에 대한 묘사인지를 어렵잖게 짐작할 수 있을 것이다. 제3제국의 총통이며 제2차 세계대전을 일으킨 장본인 아돌프 히틀러. 그는 유대인 600만 명을 학살하고, 독일인 600만 명, 러시아인 2,000만 명을 죽음으로 몰아넣었다.

일반인이 연상하는 히틀러에 대한 이미지는 날카로운 눈매와 콧수염, 광기, 독설, 히스테리, 독선, 선동, 미사여구, 호언장담, 요란한 제스처, 현란한 조명, 환각 상태에서 열광하는 군중, 유태인 저주, 생체실험 등일 것이다. 하나 같이 부정적인 것 일색이다.

우리는 웅장한 무대와 휘황찬란한 조명 아래 미친 듯한 몸짓으로 혼신의 힘을 다해 열변을 토하는 히틀러의 모습을 쉽게 연상할 수 있

다. 스스로 연설에 몰입해 전력투구하는 히틀러, 그리고 그의 열정적
인 연설에 도취되어 열광하는 군중. 그들은 곧 한 덩어리가 된다.

집단 환각상태에 빠진 군중

히틀러의 카리스마에 도취되어 집단 환각상태에 빠진 군중은 쉬이
그를 독일 민족을 구원할 영웅으로 받아들였다. 나치의 치밀한 연출
과 선동술 외에도, 독일 국민들이 한 집단에 스스로를 맡김으로써 안
정감을 찾으려 했던 시대 상황이 맞물려 당시는 히틀러란 영웅이 탄
생하기에 안성맞춤인 여건이었다.

여기서 나는 히틀러를 선동가로 규정하기 전에 우선 웅변가orator와
선동가demagogue의 차이를 구별해 보고자 한다.

웅변가가 진실을 말한다면, 선동가는 거짓을 진실인 것처럼 말한다.
웅변가가 인간의 보편적 가치와 시대정신을 대의명분으로 삼는다면,
선동가는 사리사욕을 명분으로 포장한다.
웅변가의 행태가 자신이 속한 집단이나 자국민에 대한 봉사와 헌신을
그 바탕으로 한다면, 선동가의 행태는 자신의 야심이 그 근본이다.
웅변가가 논리적 설득을 중시해 지성과 감성에 호소한다면, 선동가는
비정상의 감정적 도취를 추구한다.
웅변가의 가슴 속에는 사랑이 있고, 선동가의 마음 바탕에는 증오가
자리하고 있다.
웅변가는 근본적으로 '삶 지향적'biophiliac이고, 선동가는 '죽음 지향
적'necrophiliac이다.

웅변가는 어려운 처지에 있는 민중의 마음에 소망을 심어 희망의 미래를 열게 한다면, 선동가는 사탕발림으로 민중을 속여 패망의 길로 이끈다.

그렇다면 히틀러는 철저하게 거짓말과 연출로 자국민을 속여 나라와 민족을 패망의 길로 이끌고, 전세계를 고통으로 몰아넣은 선동가의 전형이라 할 만하다.

히틀러는 제1차 세계대전 후 나치당 전신인 독일 노동당 선전부장이 되어 청중의 절대적인 인기를 얻었다. 청중들은 무엇에 홀린 듯이 그의 연설에 빨려들어갔다. 혼신의 힘을 다해 연설을 끝낸 뒤 완전히 탈진하여 연단을 떠날 때 받는 우레와 같은 박수갈채가 그에게는 마치 마약과도 같은 쾌감이었다. 그에게 연설을 못하게 하는 것은 마약 환자에게 마약을 주지 않는 것과 같았다.

1921년 9월 나치당의 임시 당대회에서 히틀러는 당의 실권을 장악했고, 이때부터 히틀러의 신격화가 시작되어 '우리들의 지도자'(Fuhrer, 총통)로 불리게 된다.

그는 『나의 투쟁』Mein Kampf에서 이렇게 주장한다. "모든 종류의 선전은 대중적이어야 한다. 그들의 정신적 수준이 낮으면 낮을수록 그것을 이해하는 대중의 수는 많아진다. 대중의 수용능력은 매우 제한되어 있다. 이해력이 떨어지고, 이해한 것도 잘 잊어버린다. 따라서 효과 있는 선전은 단 몇 가지로 제한되어야 한다."

철저한 거짓말과 연출

　히틀러는 민심을 읽는 데 능했고, 민심의 호응을 얻는 방법을 배웠다. 그는 대중심리를 철저히 분석하고 대중을 선동하거나, 대중의 지지를 일을 처리하는 힘으로 전환하는 방법을 알았다. 이는 그의 가장 탁월한 수완 중 하나였다.

　히틀러는 자기의 재능만을 신뢰한 것이 아니라 세밀하고도 전문적인 수단도 연구, 개발했다. 여기에는 나치의 선전상이었던 괴벨스의 활약이 두드러졌다. 그는 정치적 상징조작을 통해 히틀러의 영웅적 이미지를 확대 재생산해냈다. 예를 들어 인류학을 동원한 아리안 족의 우월성 주장, 민족적 일체감을 느끼게 하는 온갖 행사 연출, 멋진 포즈의 히틀러 사진 등 그의 손길이 미치지 않은 곳이 없었다.

　괴벨스는 특히 당시에 꽤나 고가였던 라디오를 온 국민에게 염가로 공급해 히틀러의 연설과 동정을 듣게 했다. 뿐만 아니라 여론을 조작하는 데 가장 큰 무기인 언론을 철저하게 통제했다. 그는 "나치스의 언론은 독자가 스스로 결론 내리는 것을 허용하지 않으며, 신문이 의도하고 있는 바를 독자가 따라가도록 해야 한다"면서 「보도에 관한 긴급령」을 공포하기도 했다.

　히틀러의 선동은 종합예술, 즉 군중과 함께 만들어내는 대형 스펙터클이었다. 가령 한밤중에 거대한 스타디움 벽의 둘레에 설치된 탐조등들이 일제히 하늘을 향해 빛을 쏘아 올린다. 그러면 그 빛의 기둥들에 둘러싸인 대중은 마치 대리석 열주列柱가 들어선 고대 신전 안에 들어온 듯한 환영에 빠지게 된다. 또 그 빛 기둥이 스타디움 안의 대중을 그 밖의 잡종들로부터 구별해 주면, 이 선민들은 하늘로 뻗어올라가

는 그 빛 기둥 안에서 하늘에 있는 신적인 것과 직접 연결되는 접신接
神의 체험을 하게 된다. (…중략…)

히틀러가 오픈카를 타고 연도의 군중을 사열할 때, 카메라를 군중의
등 뒤에 위치시킨다. 그러면 차의 모습은 보이지 않고 군중의 머리 위
로 불쑥 솟아오른 지도자의 상반신만이 (마치 여호와 신이 수면을 운
행하듯이) 군중의 숲을 헤치고 앞으로 조용히 미끄러져 나간다.

위는 진중권 씨가 쓴 글 「이성을 무너뜨린 선동의 드라마」의 일부
분이다. 이렇듯 히틀러는 전문가들의 도움을 받아 '민족의 구세주'로
연출되었다. 그는 거짓말로 국민을 철저하게 속여 파멸로 이끌고 세
계를 고통 속에 몰아넣은 선동가였다.

미국 대통령들의
의사소통 능력

　　　미국 프린스턴 대학교의 정치학 교수인 프레드 그린슈
타인 박사는 『위대한 대통령은 무엇이 다른가』The Presidential Difference
라는 책에서 대통령의 업적과 관련이 있는 자질로 대중과의 의사소통
능력, 조직 능력, 정치력, 통찰력, 인식능력, 감성 지능을 들고, 이 6
가지 기준에 따라 현대 미국 대통령들을 분석, 평가했다.

　그린슈타인 교수는 현대 미국 대통령들 중 루스벨트, 케네디, 레이
건, 그리고 클린턴을 뛰어난 대중과의 의사소통 능력 소유자로 꼽았
다. 그에 따르면 루스벨트는 대중과의 의사소통에 있어 그의 후임자
들에게 하나의 표본이 되었다. 그의 치솟는 어조는 그의 연설을 듣는
사람들의 상상력을 불러일으켰고, 그들의 영혼을 흔들어 놓았다.

의사소통 능력 뛰어난 루스벨트

　"우리 국민의 3분의 1은 주거환경이 엉망이고, 잘 입지 못하고, 영

양실조에 걸려있다.”“우리 국가는 운명과의 한판 승부를 앞두고 있다.”“미국민이 정신을 똑바로 차리고 있으면 우리는 결국 승리할 것이다.” 그의 연설은 별것이 아니더라도 시처럼 들렸다.

“오직 두려워할 것은 이름도 없고, 이유도 없는 정당화되지 않은 두려움뿐이다.” 그의 확신에 찬 어조는 대중의 확신을 고취시키는 데 부족함이 없었다. 다른 한편 그는 벽난로 옆에서 대화하듯이 아주 낮은 목소리로 방송에서 대담하듯이 차분하게 자신의 정책을 설명함으로써 국민의 큰 호응과 지지를 얻기도 했다.

그는 미국인들이 별로 존경할 것이 없던 정치체제에 믿음을 회복시켰고, 승리를 결코 장담할 수 없는 역사적 대결 앞에서 미국과 연합군을 단결시켰다.

반면 그의 후임자인 트루먼은 의사소통 측면에서 부정적 표본이었다. 그는 물론 그의 참모들이 연설문을 준비하기 위해 숱한 공을 들였지만 트루먼은 그것을 제대로 소화해서 대중에게 효과적으로 전달하지 못했다.

그는 오히려 즉석 연설은 잘 했지만 원고 없는 그의 연설은 곧잘 정치적 물의를 일으키곤 했다. 선거연설에서 트루먼은 스탈린을 좋아한다고 이야기했다가 엄청난 비난을 받았고, 한 기자회견에서는 한국에서 핵무기를 사용할 것을 고려하는 듯한 인상을 풍겨서 영국 수상이 이를 수습하기 위해 워싱턴으로 달려오기도 했다.

아이젠하워는 그의 다른 능력에도 불구하고 최대 약점은 대중과의 의사소통에 있었다. 그는 연설문 작성자들이 쓴 연설문에 주석을 다는 등 신경을 많이 썼지만 연설을 대중을 설득하는 수단으로 보지 않고 단지 국가문서로 보았다. 그는 미국이 소련과의 미사일 경쟁에 휘말리지 않아야 된다고 대중과 정치계를 설득하는 데 실패했다.

케네디의 강점은 대중과의 의사소통이었다. 그는 웅변력, 지능, 그리고 능수능란한 기자회견을 통해 자신에 대한 지지는 물론 정책에 대한 지지를 이끌어 냈다. 만약 그에게 대중 설득력이 없었다면 피그스만에서의 실패와 베를린 장벽 건설 같은 좌절 앞에서 대중의 지지를 유지하기 어려웠을 것이다.

그가 유창한 웅변가가 되고 최상의 지지도를 유지할 수 있었던 것은 그 자신과 그의 참모인 소렌센이 연설기법에 많은 노력을 기울였기 때문이다. 그는 기자회견을 위해 많은 준비를 했고, 기자 회견장에서는 질문에 간략하고 재치 있게 답변함으로써 매월 2번씩 하는 기자회견을 가장 인기 있는 프로로 만들었다.

존슨, 닉슨, 포드, 카터는 부정적

케네디의 후임자, 존슨의 연설은 과장되고 지루할 때가 많았다. 그러나 때로 그의 연설은 듣는 이에게 강력한 확신감을 심어 주었다. 예를 들어 케네디 암살 후 의회에서 행한 감동적인 연설과 1965년 선거권 법안을 제출하면서 한 연설이 그것이다.

그는 비공식적인 자리에서는 잘 보여 주던 생동감을 기자들 앞에서는 드러내지 못한 채 딱딱하고 자기방어적이었다. 100여 명이 모인 작은 방에서 그의 설득력은 훌륭했다. 그러나 기자들 앞에서는 대통령으로서 허세를 부리려 했고, 진짜 존슨이 아닌 새로운 존슨인 체했다.

닉슨은 지속적인 노력에 의해서 그 한계를 극복한 사람이다. 그는 결코 대중 앞에서 자연스러운 연설을 할 수 없었다. 기자회견 때는 마음이 편하지 않았으며, 공식 연설은 과장되고 부자연스러웠다. 그러나 그는 그것에 구애받지 않고 연설문 작성자들을 고용해서 대중에게 영향을 주기 위해 많은 노력을 기울였다. 사안이 중요하다고 생각될 때는 연설 초고 단계부터 직접 관여했다. 그는 장시간 캠프데이비드에 은둔하면서 집필에 몰두하기도 했는데, 그러던 중 밖으로 떠들지는 않지만 조용히 자신의 정책을 지지하는 국민이 많다는 내용의 '침묵하는 다수'Silent Majority라는 구절을 찾아내기도 했다.

포드의 경우 대중과의 의사소통자로서 업적은 매우 부정적이다. 그는 투박스럽게 연설했다. 그는 트루만처럼 말실수를 자주 했다. 대통령 선거 때는 카터와의 토론에서 동유럽이 공산주의 치하에 있지 않다고 함으로써 최악의 실수를 저질렀다.

카터는 의사소통 면에서 출발은 좋았지만 얼마 가지 않아 급속히 하락했다. 대통령 취임식날 카터가 언론에 처음 모습을 드러냈을 때 그는 대중민주주의의 상징인 것처럼 시선을 집중시켰다. 〈타임〉지는 그가 "신앙을 중시하는 사람으로서, 또 대중과 만나려는 접근방법 때문에 수백만의 반대자가 그를 지지하게 된다"고 했고, 〈뉴스위크〉지는 그의 '대중과 친밀해지는 천재성'에 대해 기사화했다.

그러나 해가 갈수록 그의 한계가 드러나기 시작했다. 그의 연설은 시들했고 열정이 없었다. 그가 대중과의 의사소통에서 실패한 것은 자신의 연설 스타일을 개선시키기 위해 노력하라는 주위의 충고를 일

축했기 때문이다.

케네디, 레이건, 클린턴은 유능한 연설가

전직이 배우였고, 연기자 노조 지도자였던 레이건은 정치에 입문하기 전부터 직업적인 대중연설자였던 첫번째 대통령이었다. 레이건은 자신의 직업성을 아주 잘 활용했는데 루스벨트만이 그 웅변의 완숙도를 능가할 정도였다.

그의 참모들은 대통령의 대 국민연설을 '일상생활화'했다. 즉 레이건이 매일 한 번 국민 앞에서 정부의 의도를 설명하도록 했다. 그들은 또 레이건이 매력적인 인상으로 TV의 저녁뉴스 시간대를 지배하도록 분위기를 연출했다.

부시는 의사소통 면에서 정책의 상세 내역을 잘 알고 있는 것을 최대한 활용했다. 정기적으로 백악관 상황실에서 기자들에게 보통 하위 관료들이 하던 사실적인 브리핑을 실시했다. 그는 기자들의 이름을 불렀으며 개인적으로 그들에게 관심을 표명했다.

이런 것들이 그의 장점이었지만 레이건의 웅변술과는 극단적으로 대조적인 태도를 취함으로써 루스벨트, 케네디, 레이건이 발휘했던 지도적인 기능을 상실했다.

클린턴은 뛰어난 의사소통 능력의 소유자였다. 그는 대통령 취임 초기에는 같은 뉴스 시간에 중복되는 얘기를 하는 등 웅변술의 부족함이 확연했다. 하지만 그의 웅변력은 갈수록 향상되었고, 위기 때마다 뛰어난 연설로 상황을 반전시키곤 했다.

1994년 선거에서 깅리치가 이끄는 공화당은 돌풍을 일으키며 승리했고, 그 여세를 몰아 공화당은 파죽지세의 위력으로 선거공약을 입법화해 나갔다. 클린턴은 위축될 대로 위축되었다. 그러나 오클라호마 시 연방정부 건물에서 163명이 사망한 폭발사건이 터지자, 클린턴은 희생자들을 위한 추도식에서 감동적인 연설을 했다. 그 직후 그의 인기는 49%에서 60%로 치솟았다.

멋진 연설이 대통령을 강하게 만든다는 사실을 입증한 것이다. 연간 레이건이 320번, 트루먼이 82번 연설한 반면, 그는 무려 550번을 연설했다. 1996년 연두 시정연설 시간은 사상 최장인 1시간 30분을 기록했다. 클린턴은 탤런트 정치인이었고, 재능 있는 의사전달자였다.

한국 지도자들의
대중 설득력

우리 나라에서 웅변은 언제 시작되었을까. 왕정王政 하에서는 특별한 경우를 제외하고는 웅변의 필요성이 없었을 것이다. 웅변은 민중이 직접 혹은 간접적으로 의사결정에 참여할 수 있는 제도 하에서 유효하다. 혹은 서로가 뭉칠 때 정치적 힘으로 작용할 수 있는 민중의 존재를 전제로 한다. 따라서 왕정 하에서는 전쟁을 앞두고 병졸들을 정신무장시키거나 반란군 지도자가 자신을 따르는 무리를 단결시킬 목적 외에 정상적인 상황에서 웅변은 필요치 않았을 것이다.

우리 나라의 경우 조선 말 갑신정변에 실패하여 미국으로 망명한 서재필 박사가 국가의 독립과 부강이 국민의 각성과 단결에 있음을 역설하고, 이상재 선생, 이승만 박사 등 동지를 규합해 독립협회를 조직함으로써 웅변의 역사가 시작되었다.

1896년 3월 9일 종로 네거리에 독립협회 회원과 시민 수천 명이 모여 만민공동회를 열었는데, 이 때 안창호, 이승만, 홍정우 선생 등이 한·러 은행 내막을 폭로하는 등 열변을 토했다. 그 결과 러시아는 만민공동회의 압력에 굴복하여 재정고문과 군사교관을 철수하였다. 이것이 민중 앞에서 행한 우리 나라 최초의 웅변이었다.

절박한 상황에서 대웅변가 탄생

탁월한 지도자는 위기 때 나타나며, 대웅변가는 절박한 상황에서 탄생한다. 한국의 웅변은 1920년대를 전후해 가장 성행하였으며, 월남 이상재, 남강 이승훈, 백범 김구, 설산 장덕수, 몽양 여운형 선생 등 걸출한 웅변가를 낳았다. 이때의 웅변은 쓰러져 가는 나라를 구하려는 지사들의 피끓는 절규였다.

일제 치하의 백성들에게 민족혼을 되살리고, 그들의 가슴 속에 해방 조국의 미래상을 심어 독립을 쟁취하려 했던 민족 지도자들은 대부분 뛰어난 웅변가였다. 극심한 탄압과 온갖 위험 속에서 목숨을 걸고 토해 낸 그들의 애국심, 진실, 그리고 열정은 그만큼 비장했을 뿐 아니라 강권하는 힘이 있었다.

특히 도산 안창호 선생은 평생 동안 심혈을 기울였던 민족계몽운동을 펼치면서 탁월한 웅변력으로 민중 속을 파고들어 독립정신과 민족혼을 고취했다.

도산은 나라의 독립운동을 민족의 계몽운동으로 인식했다. 성급한 무력항쟁이나 조급한 정치적 독립을 주장하기보다는 인간적인 계몽을 통해 올바른 시민을 길러내는 데 힘써야 한다고 역설했다. 올바른 시민이 길러지고 민족의 역량이 축적되면 국가의 독립은 저절로 성취될 수 있다고 보았던 것이다.

이승만 대통령은 젊은 시절 빼어난 웅변력의 소유자였다. 다음은 그의 초대 대통령 취임사의 마지막 부분이다.

"새 나라를 건설하는 데는 새로운 헌법과 새로운 정부가 다 필요하지만 새 백성이 아니고서는 결코 될 수 없는 것입니다. 부패한 백성으로 신성한 국가를 이루지 못하나니, (…중략…) 나의 사랑하는 3,000만 남녀는 이 날부터 더욱 분투용진해서 날로 새로운 백성을 이룸으로써 새로운 국가를 만년 반석 위에 세우기로 결심합시다."

대통령으로서 그의 의사소통 능력은 독재 정권을 장기간 유지하는 데 일조했다.

1956년 제3대 대통령 선거에 민주당 후보로 출마한 해공 신익희 역시 발군의 웅변가였다. 그는 당시로서는 기록적인 40만 군중이 한강 백사장에 운집한 가운데, 그 유명한 '못 살겠다, 갈아보자'란 유세 연설을 해 폭발적인 인기를 불러일으켰다. 연설 제목은 이승만 장기집권에 염증을 내고 있던 국민정서를 그대로 대변한 구호였다.

신익희의 '못 살겠다, 갈아보자'

그는 거의 원고를 들여다보지 않고 연설했을 뿐 아니라 특유의 유머 감각을 잃지 않고 청중을 매료시켰다. 그는 연설 도중에 힘있게 강조하는 부분은 있어도 결코 흥분하거나 남을 헐뜯는 말은 하지 않았다. 청중들은 잔잔하면서도 확신에 찬 그의 연설에 더욱 큰 박수갈채를 보냈다.

박정희 대통령의 잘 사는 나라를 만들겠다는 확고한 의지와 신념은 그로 하여금 나름대로의 대중 설득력을 갖게 했다. 그는 제5대 대통령 취임사에서 이렇게 말했다.

"우리는 여기서 중단도 후퇴도 지체의 여유도 없습니다. 방관과 안일, 요행과 기적을 바라며 공론과 파쟁으로 끝끝내 국가를 쇠잔케한 곤욕의 과거를 되풀이할 수는 없는 것입니다. (…중략…) 다시는 퇴영과 빈곤이 없는 내일의 조국을 기약하면서, 나는 오늘 사랑하는 동포 앞에 다시 한번 '민족의 단합'을 호소하는 바입니다."

박 대통령의 목표지향적 통치행태의 냄새를 물씬 풍기는 대목이다. 결코 웅변가랄 수 없었지만 단단하고 카랑카랑한 금속성 목소리의 소유자였던 그는 경제성장이라는 일관된 목표를 추구하면서, 철저하게 국민을 그 방향으로 몰고 갔다. 그의 공과에 대한 평가는 사람에 따라 다를 수 있다. 그러나 확고한 의지와 일관성, 그리고 경제성장의 가시적 성과로 인해 그는 상당 수준의 대중 설득력을 가졌던 것이다.

제11대 전두환 대통령의 취임사에는 다음과 같은 대목이 들어있다. "민주주의는 인류의 보편적 가치입니다. 그러나 그것은 원래 우리의 것이 아니라 8·15 해방과 함께 외부로부터 받아들인 것이기 때문에 그 동안 우리 국민이 민주정치를 해 보려고 여러 가지로 노력을 해 왔으나 민주주의를 실현할 수 있는 기반이 약해 값비싼 시행착오만을 되풀이해 왔다고 생각합니다. 민주주의 제도는 어렵고 정교한 정치제도이기 때문에 조건이 성숙되지 않으면 제대로의 기능을 발휘할 수 없는 것입니다."

민주주의가 우리 실정에 맞지 않음으로 하지 않겠다는 선언에 다름 아니다. 5공은 정통성이 부족한 정권이었고, 전 대통령은 보스 기질이 강한, 대담한 성격의 소유자였다. 당시에는 공작과 위압적인 분위기, 그리고 권위주의적 통치가 있을 뿐 대중설득을 통한 정치는 없었다. 언론이 철저하게 통제된 상태에서 전 대통령의 기자회견은 철저하게 각본에 따라 진행되었다.

DJ, 발군의 대중 설득력 점차 빛 잃어

제13대 노태우 대통령은 취임사에서 이렇게 말했다. "부의 부당한 축적이나 편재가 사라지고 누구든지 성실하게 일한 만큼 보람과 결실을 거두면서 희망을 갖고 장래를 설계할 수 있는 사회가 바로 '보통사람들의 위대한 시대'입니다. 민주개혁과 국민화합으로 이제 우리는 '위대한 보통사람들의 시대'를 열어야 하는 것입니다."

퇴임 후 밝혀진 부정축재 사실을 상기해 보면 겉과 속이 다른 언행이었다. 재임시 우유부단한 행태로 '물태우'로 불렸던 그는 대중 설득력을 갖추지 못한 대통령이었다.

김영삼 대통령은 대중 정치인이었으나 의사소통 능력이 약한 사람이었다. 그는 잦은 말실수로 구설수에 올랐고, 선거 때 특히 민감한 지역감정을 건드리는 발언을 하는 등 실수가 잦았다. 그러나 언론도 국민도 'YS이기 때문에' 한 가닥 접어 주면서 애교로 보아 넘겨 주는 경우가 많았다.

그는 대중연설에 비교적 익숙했으나 토론에는 자신이 없어 대통령 선거 기간 중 토론에는 한사코 참여하지 않았다. 그만큼 자신의 의사소통 능력을 믿지 못했기 때문이다.

퇴임 후 그는 "김포공항 달걀 공격 사건은 김대중 정권이 사주한 정치 테러다" "김대중의 노벨상 수상으로 노벨상의 권위가 땅에 떨어졌다"는 등 줄기차게 김대중 대통령을 향해 독설을 퍼부어 댔다. 그의 정제되지 않은 언어는 역설적으로 삭막한 정치에 재미를 가미시키는 역할을 했다.

김대중 대통령은 역대 한국 지도자들 가운데 가장 뛰어난 대중 설득력을 가진 인물 중 한 사람이다. 논리에 있어서나 수사에 있어서나 타의 추종을 불허하는 탁월함이 있었다. 청중을 쥐락펴락하는 웅변력으로 말미암아 그는 한때 정치적 반대자들에 의해 선동가로 몰리기도 했다.

그는 빼어난 의사소통 능력으로 대중을 자신의 정치세력으로 만들었을 뿐 아니라 정치적 반대자들을 설복시켰다. 그의 집권은 그의 탁월한 의사소통 능력에 힘입은 바 크다. 그러나 집권 후반기 들어 비리 사건이 연이어 터지는 와중에서 그의 발군의 대중 설득력은 점차 빛을 잃어 갔다.

세계를 움직인
명연설(1)

역사는 수많은 웅변가들을 배출했고, 그들의 탁월한 웅변은 자국민을 결집시키고, 세계인들을 감동시키면서 시대적 소명에 답했다. 그리고 역사를 만들어 갔다.

그들은 조국이 위기에 처했을 때 불타는 애국심으로 자국민의 단합을 호소했고, 세계가 제국주의적 야욕 앞에 위협 당할 때 인류의 가치를 천명하며 단호한 결의를 담은 명연설로 세계를 움직였다.

세계 웅변가들의 명연설을 맛보는 것도 재미있는 일이다.

고대 그리스의 데모스테네스를 빼놓고는 웅변을 말할 수 없다. 그는 세계 웅변사의 원조라 할 만하다. B.C. 350년대에서 B.C. 320년대까지 활동했던 그는 필립포스 2세가 이끄는 신흥국가 마케도니아가 그리스 본토의 내분에 편승하여 세력을 뻗치고 있는 데 대항해 그리스의 자유와 독립을 지키려면 아테네를 중심으로 하는 도시국가의 결속이 필요함을 호소했다.

웅변의 원조, 데모스테네스

다음은 「아테네 시민이여 일어나라」란 연설의 한 부분이다.

아테네 시민 여러분! 만약 여러분이 우유부단한 마음을 버리고, 자부심을 가지고, 번잡스러운 것과 시끄러운 모든 것을 떨쳐 버리고, 개인의 향락을 즐기고자하는 악습을 추방할 수 있다면, 잃었던 조국 영토를 탈환하고, 저 필립의 거만불손한 죄를 따질 수 있으리라고 믿습니다. 아테네 사랑하기를 우리 부모님과 같이 사랑하고, 우리들의 아내와 같이, 형제와 같이, 친구와 같이 생각한다면, 여러분은 이제야말로 단호한 결심을 할 때라고 생각합니다. (…중략…) 자, 여러분! 적군의 군마 울음소리가 들리지 않습니까? 앉은 사람은 일어나시오! 일어선 사람은 달리시오! 달리면서 생사를 같이하여 아테네 국경 수비선을 생명을 걸고 사수합시다.

그가 가슴에서 토해낸 충정은 지금도 읽는 이의 가슴을 뛰게 한다.

로마의 키케로는 세계 웅변사에서 빼놓을 수 없는 인물이다. 수사학의 대가였던 그는 집정관이 되어 카탈리나의 음모를 타도했다.

다음은 그가 원로원에서 행한 저 유명한 「카탈리나 탄핵」 연설의 한 부분이다.

카탈리나여, 언제까지 시험할 작정인가, 우리의 인내를. 언제까지 모르는 척 시치미를 뗄 작정인가, 그대의 무모한 행위를. 다음에는 어떤 수법에 호소할 작정인가, 그대의 끝없는 야심을 실현하기 위해.

오오, 빛나는 과거여, 빛나는 전통이여. 과거의 원로원과 집정관들은 질서를 회복하기 위한 대책을 망설이지 않았습니다. 그런데 지금은 질서 파괴자가 시퍼렇게 살아있습니다. 그 뿐 아니라 이곳 원로원에 참석까지 하고 있습니다. 그리고 우리를 살인자의 음흉한 눈길로 한 사람씩 바라보며 죽일 것인가 살려둘 것인가를 속셈으로 저울질하고 있습니다.

로마를 떠나라, 카탈리나여. 공화국을 공포에서 해방하기 위해 로마를 떠나라. 나는 그대에게 한 가지만 요구하겠다. 로마를 떠나라고.

그 날 밤 카탈리나는 로마를 떠났다.

패트릭 헨리의 '자유가 아니면 죽음을 달라'

1775년 4월 23일 버지니아 식민지 의회 의원이자 당대 최고의 웅변가였던 패트릭 헨리의 의회 연설은 영국의 압제에 대항하는 혁명의 도화선이 되었다.

나의 발길을 인도할 등불이 있는데, 그것은 경험의 등불입니다. 미래를 판단하는 길은 과거 밖에 없습니다. 지난 10년 영국 식민통치부가 한 일 중에 우리와 우리 의회가 흡족한 마음으로 위안을 삼을 만한 것이 무엇인지 이 사람은 알고 싶습니다. 우리의 청원서를 늦게 받아들이면서 그들이 보인 그 음흉한 미소입니까? 여러분, 그것을 믿지 마십시오. 그 미소는 여러분의 발목을 잡을 덫으로 판명될 것입니다. 키스로 배반당하지 마십시오.

평화는 없습니다. 전쟁은 사실상 시작되었습니다. 다음에 북쪽에서 불어올 강풍은 무기가 맞부딪치는 소리를 우리 귀에 들려줄 것입니다. 우리 형제들은 이미 싸움터에 나가 있습니다. 그런데 왜 우리는 여기서 이렇게 빈둥거리고 있는 것입니까? 여러분이 원하는 것이 무엇이며, 여러분이 가지게 될 것이 무엇입니까? 쇠사슬과 노예화란 대가를 치르고 사야 할 만큼 우리의 목숨이 그렇게도 소중하고 평화가 그렇게도 달콤한 것입니까? 전능하신 하나님, 그런 일은 막아 주십시오! 다른 사람들은 어떤 길을 택할지 모르지만, 나에게는 자유가 아니면 죽음을 달라!

그의 절규는 지금도 우리의 가슴을 때린다.

미국의 제3대 대통령인 토마스 제퍼슨은 독립선언서를 기초한 사람으로 유명하다. 그만큼 그는 문장과 연설이 뛰어난 사람이었다. 실사구시實事求是의 정신에 투철한 실천적 지혜와 정열의 지도자였던 그가 미국 민주주의 발전에 기여한 공로는 지대하다.

다음은 그의 첫 취임 연설의 일부분이다.

용기와 신념을 가지고 우리의 공화제와 연방체제의 원칙을 추구해 나갑시다. 합중국과 대의 민주정부에 대한 우리의 충성과 사랑을 밀고 나갑시다. 서로 씨를 말리는 괴멸적 파괴가 판치고 있는 유럽으로부터 우리는 다행히도 대서양을 사이에 두고 멀리 떨어져 있습니다. 수천대의 후손이 번영할 수 있는 땅을 가진, 하나님으로부터 선택된 우리는 타국민에게 굴욕과 수모를 받기에는 너무도 기개가 높습니다.

제가 여러분에게 요청하는 것은 오직 한 가지입니다. 나라 일을 합법적으로 해낼 수 있도록 확고한 힘을 저에게 실어 주시고 일을 완수할 수 있도록 신임해 주십시오. (…중략…) 제가 잘못할 때 너그러운 이해로 감싸 주시기 바랍니다. 어떤 경우에도 제가 고의로 잘못하는 일은 결코 없을 것입니다. 사태의 전모를 볼 수 있다면 비난하지 않을 일을 잘못 알고 저를 공격할 때 저의 편에 서서 막아 주십시오.

여러분의 성원에 힘입어 저는 충직하게 직무를 향해 갑니다. 여러분이 훨씬 좋은 선택을 할 수 있는 힘을 가지고 계신 것을 알게 될 때 언제든지 대통령직에서 물러날 용의가 있습니다. (후략…)

대통령직이란 권좌를 앞에 두고 있는 제퍼슨의 매우 겸손하고 사려 깊은 면모를 읽을 수 있다.

링컨의 기념비적 연설

미국인들 뿐 아니라 세계인들에게 가장 존경받는 대통령 중 한 사람인 에이브라함 링컨은 남북전쟁의 격전지인 펜실베니아 주 게티스버그에서 미국사의 기념비적인 텍스트로 평가받는 연설을 했다. 2~3분에 불과한 짧은 연설로, 특히 끝맺음의 문구는 민주주의의 정신을 가장 간결하고 적절하게 표현했다는 평을 받는다.

(…전략) 이 나라가 무궁하기를 기원하면서, 자기 목숨을 내던진 장병들의 마지막 안식처로서, 이곳 싸움터의 한 조각을 바치고자 우리는 여기에 모였습니다. (…중략…) 우리 앞에 남겨진 크나큰 과업에 우리들이야말로 이제 몸을 바쳐야 합니다. 즉 명예로운 전사자들이 마지막까지 온갖 헌신을 다한 대의에 대해 우리는 그들을 본받아 더욱 큰 헌신을 하기 위해서, 죽은 자들의 죽음이 헛되지 않도록 우리는 여기서 크게 결심하기 위해서, 이 나라가 신의 보살핌 밑에서 자유의 새로

운 탄생을 실현하기 위해서, 그리고 '국민의, 국민에 의한, 국민을 위한 정부'가 이 지상에서 소멸되지 않게 하기 위해서, 우리는 그렇게 해야 합니다.

링컨의 이 연설은 삶과 죽음, 영적 재생, 그리고 인간의 생명과 한 국가의 생명을 은유한 한 편의 뛰어난 산문시로 일컬어진다.

세계를 움직인
명연설(2)

영국 수상 윈스턴 처칠은 노벨 문학상을 받을 정도로 뛰어난 문필가였다. 그는 히틀러의 나치 독일군이 네덜란드, 벨기에, 룩셈부르크를 돌파해 프랑스로 진격하고 있던 1940년 5월 13일 의회에서 연설했다. 이 연설은 '피와 땀과 눈물'이란 표현으로 유명하다. 연설 원문에서는 '피, 수고, 눈물, 그리고 땀'이란 말을 사용했다.

처칠의 '피와 땀과 눈물'

나는 이 정부에 참여한 장관들에게 이야기했던 대로 의원 여러분들에게 다시 말합니다. 나는 피, 수고, 눈물, 그리고 땀밖에는 달리 드릴 것이 없습니다. 우리는 가장 심각한 시련을 앞두고 있습니다. 우리는 길고 긴 투쟁과 고통의 세월들을 앞두고 있습니다. 여러분들은 당신의 정책은 무엇인가고 묻습니다. 나는 육상에서, 바다에서, 하늘에서 전쟁을 수행하는 것이라고 말합니다. 하나님께서 주신 모든 힘과 능력을 총동원하여 어둡고 개탄스러운 인간의 범죄 목록에서도 유례가 없는 저 괴물과 같은 전제자를 상대로 전쟁을 수행하는 것, 이것이 우리의 정책입니다. 여러분은 우리의 목표는 무엇인가 질문할 것입니다. 나는 한 마디로 답할 수 있습니다. 그것은 승리입니다. 승리, 어떤 대가를 지불하더라도 어떤 폭력을 무릅쓰고라도 승리, 거기에 이르는 길이 아무리 길고 험해도 승리, 승리 없이는 생존도 없기 때문에 오직 승리뿐입니다. (…중략…)

나는 희망에 들뜬 기분으로 나의 임무를 인수하는 바입니다. 나는 우리의 소명은 결코 실패하지 않을 것이라고 확신합니다. 나는 이 시점, 이 대목에서 여러분들의 도움을 요구할 자격이 있다고 느끼면서 이렇게 호소합니다. 자, 단합된 우리의 힘을 믿고서 우리 모두 전진합시다.

영국 국민의 투혼을 불러냈던 그의 힘 있고 확신에 찬 연설은 지금도 읽는 이들의 마음을 사로잡는다.

제32대 미국 대통령인 프랭클린 루스벨트는 대중 설득력이 뛰어난 지도자였다. 그는 일본의 기습 공격으로 진주만이 폭격 당한 바로 다음날 의회 연설을 통해 대일본 선전포고를 요청했다.

어제, 1941년 12월 7일, 이 날은 치욕의 날로 기억될 것입니다. 아메리카 합중국은 일본 제국의 공군과 해군에 의해 고의적인 기습공격을 당했습니다. (…중략…) 하와이에서 일본까지의 거리를 고려할 때 어제의 공격은 여러 날 혹은 여러 주 전부터 고의적으로 계획된 것임을 알 수 있습니다. 이 준비기간 동안 일본 정부는 지속적인 평화를 희망한다는 거짓 전술과 표현으로 미국을 고의적으로 속여왔습니다.

지금은 전쟁상태입니다. 우리 국민, 우리 영토, 우리의 이익이 심각한 위험에 처해 있다는 사실을 외면하는 것은 불가능합니다. 우리 군대에 대한 신뢰와 우리 국민의 결연한 의지로서, 우리는 기필코 승리를 거둘 것입니다. 신의 가호가 있기를 바랍니다. 나는 1941년 12월 7일 일요일에 일본의 일방적이고 배신적인 공격이 개시된 이 후, 아메리카 합중국과 일본 제국 사이에 전쟁상태가 시작되었음을 의회에서 선언해 줄 것을 요청하는 바입니다.

루스벨트의 짧은 의회 연설은 당시의 긴박한 상황을 묘사하고, 일본이 미국을 배신했다는 점을 강조함으로써 일본에 대한 적개심을 고취시키고 있다.

맥아더의 '노병은 사라져갈 뿐이다'

미국 역사상 가장 뛰어난 군인 중 하나였던 더글러스 맥아더 원수는 유려한 문체의 문장가로도 유명하다. 6.25 사변 중 트루먼 대통령에 의해 사령관직에서 해임된 후 그는 1951년 4월 19일 미국 상하 양원 합동회의에서 '노병은 죽지 않는다'란 제목으로 연설한다.

(…전략) 현존하는 사람들 중에 저만큼 전쟁을 아는 사람도 드뭅니다. 그러나 제게 그 어느 것도 전쟁만큼 혐오스러운 것은 없습니다. 저는 전쟁의 완전한 폐지를 오랫동안 주장해 왔습니다. (…중략…) 하지만 일단 전쟁을 수행해야 하는 상황이 닥치면, 전쟁을 신속히 종결시키기 위해 가능한 모든 수단을 다 동원하는 것 외에 다른 대안이 없습니

다. 전쟁의 목적은 바로 승리이지, 질질 끄는 우유부단함이 아닙니다. 저는 지금 52년간의 군복무를 마치려고 합니다. 제가 처음 군에 입대할 때 그것은 제 소년 시절의 모든 희망과 꿈의 실현이었습니다. 제가 웨스트포인트 연병장에서 임관하던 그 날 이후 세상은 여러 번 바뀌었습니다. 그리고 저의 희망과 꿈도 오래 전에 사라졌지만, 저는 그 시절 가장 즐겨 부르던 어느 군가의 후렴 한 구절을 기억하고 있습니다. 그 노래는 '노병은 죽지 않고, 다만 사라질 뿐이다'라고 당당하게 선언하고 있습니다. 그리고 그 노래 속의 노병처럼 이제 저는 제 군 생활을 마감하고 사라지려 합니다. 신께서 의무에 관한 깨달음을 주신 바에 따라, 자신의 의무를 다하려고 애쓴 한 노병으로서 말입니다.

그의 감동적인 연설은 수많은 의원들로 하여금 눈물을 흘리게 만들었다.

'뉴 프런티어' 정신을 강조했던 제 35대 미국 대통령 존 F. 케네디는 미국 대통령 중 대중 설득력이 가장 뛰어난 사람 중 하나였다. 다음은 그가 1961년 1월 20일 연설한 취임사의 일부분이다.

우리는 자유를 존속시키고 성공을 확보하기 위해서는 어떠한 희생도 기꺼이 치를 것이며, 어떠한 부담도 짊어질 것이며, 어떠한 고난에도 맞서 싸울 것이며, 모든 우방을 지지하고 모든 적에 대항하리라는 사실을 세계 모든 나라에 알려 줍시다. (…중략…) 결코 두려움 때문에 타협하지는 맙시다. 그러나 또한 타협하기를 두려워하지도 맙시다. (…

중략…) 이 모든 일은 시작한 지 백일만에 끝나지는 않을 것입니다. 천일만에 끝나지도 않을 것입니다. 이 행정부의 임기 동안에도 끝나지 않을 것이며, 어쩌면 이 지구상에서 우리의 생명이 다할 때까지도 끝나지 않을지도 모릅니다. 그러나 우리 시작합시다.

친애하는 미국 동포 여러분, 국가가 당신을 위해 무엇을 해 줄 수 있는가를 묻지 말고, 당신이 국가를 위해 무엇을 할 수 있는가를 물으십시오. 친애하는 세계 시민들이여, 미국이 당신을 위해 무엇을 해 줄 수 있는가를 묻지 말고, 우리 함께 인류의 자유를 위해 무엇을 할 수 있는가를 묻도록 합시다.

젊은 대통령 케네디의 패기와 자신만만함이 배어나는 연설이다.

레이건의 공산주의 몰락 예언

제37대 대통령 리차드 닉슨은 워터게이트 스캔들로 탄핵 위기에 몰리자 하야를 선택한다. 닉슨은 1974년 8월 8일 백악관에서 사임 연설을 했다.

(…전략) 그래서 저는 오늘 정오를 기해 대통령직을 사임하려고 합니다. (…중략…) 우리가 두 번째 임기를 시작하면서 가졌던 미국의 위대한 희망을 회상하면, 저는 커다란 슬픔을 참을 수 없습니다. 앞으로 2년 반 동안 여러분을 위해서 그 희망을 성취하기 위해 이 집무실에서 일을 할 수 없게 되었기 때문입니다.

미래를 내다보면서 우리가 가장 먼저 해야 할 일은 이 나라의 상처를 치료하고, 지난 수개월 동안의 비통과 분열을 과거사로 돌리며, 위대하고 지혜로운 국민의 힘과 단결의 중심에 놓여 있는 공통의 이상을 다시 발견하는 것입니다. 저는 이 조처를 취해서 미국이 절실하게 필요로 하고 있는 치유과정이 촉진되기를 바랍니다.

닉슨은 이 연설에서 중도하차하는 대통령으로서 진한 아쉬움을 토로하고 있다.

배우 출신으로 부드러운 목소리에 청산유수의 달변이었던 제40대 미국 대통령 로널드 레이건 역시 탁월한 대중 설득력의 소유자였다. 다음은 1982년 6월 8일 영국 웨스트민스터 궁전 상하 양원에서 행한 연설의 일부분이다.

반어적인 의미이기는 하지만 칼 마르크스는 옳았습니다. 우리는 오늘날 혁명적 위기상황을 목격하고 있습니다. 경제적 질서의 요구들이 정치적 질서의 요구들과 직접적인 갈등을 일으키기 때문에 발생하는 위기입니다. 그러나 이 위기는 마르크스주의와 관계없는 자유로운 서구에서 일어나는 것이 아니라, 마르크스 · 레닌주의의 본거지인 소련에서 일어나고 있습니다. 소련은 자국민의 인간적 자유와 존엄을 부정함으로써 역사의 조류에 대항하고 있습니다.

군사적 힘은 평화를 위한 필요조건입니다. 그러나 이 힘은 절대 사용되기를 바라지 않는 마음으로 유지해야 한다는 점을 분명히 해 둡니다. 현재 세계에서 벌어지고 있는 싸움에서 궁극적인 결정요소는 폭탄과 로켓이 아니라 의지와 이념의 시험, 정신적 결의의 실험이기 때문입니다. (…중략…) 이제 소심한 태도를 버립시다. 우리의 힘에 의지합시다. 희망을 제시합시다. 이 세상을 향해 새로운 시대가 눈앞에 다가오고 있다고 이야기합시다.

이 연설에는 항상 낙천적이고 자신감 넘친 레이건의 개성이 잘 드러난다. 특히 레이건은 여기서 소련이 붕괴되기 훨씬 전에 공산주의의 몰락을 예언했다.

제3부
말은 세상을 바꾼다
_말과 정치

말은
정치의 핵심

아리스토텔레스는 '인간은 정치적 동물'이라고 했다. 왜 아리스토텔레스는 다양한 속성을 가진 인간을 '정치적 동물'로 규정했을까.

인간은 이 세상에 태어나 혼자서는 살 수 없는 존재다. 살면서 본능적으로 공동체를 이룬다. 그 안에서 우두머리가 나타나 통솔, 지배하고, 소속원들은 그에게 의지함으로써 공동체는 질서를 찾는다. 사람이 사는 곳에 투쟁과 타협 등 온갖 정치 행위가 있다. 인간은 태생적으로 그런 속성을 가지고 태어났다. 그래서 아리스토텔레스는 인간을 정치적 동물이라고 했을 것이다.

그러면 인간이 정치적 동물로서 공동체를 형성하고, 유지하는 수단은 무엇인가. 말할 것도 없이 '말'이다. 말은 공동체를 만들고 공동체에 질서를 부여한다. 또 공동체를 유지하는 매개체다. 그 공동체 속에서 사람들은 말을 통해 의사소통을 하며, 말로 온갖 정치행위를 한다.

구성원들 간에 의사소통이 없이는 공동체는 하루라도 유지될 수가 없다. 의사소통이 없는 공동체는 이미 공동체가 아니다.

이처럼 정치적 존재로서 인간은 애초부터 말과 떼려야 뗄 수 없는 관계였다. 즉 인간은 말을 가졌기 때문에 정치적 동물이며, 말이 있기 때문에 공동체가 존재한다. 말은 정치의 본질인 동시에, 인간이 사용할 수 있는 가장 강력한 도구다.

정치에 있어서 말의 효용성은 예나 지금이나 다름이 없다. 달라진 것이 있다면 원시 공동체나 미개발 국가에서 사용했던 정치언어가 공포에 바탕한 협박, 우격다짐이었다면, 지금은 그 언어가 좀더 세련되었다는 점일 것이다.

말은 현실을 만든다

그러면 오늘날 언어는 정치에서 어떤 역할을 하는가. 언어는 현실을 기술하고, 상황을 설명하는 도구만은 아니다. 오히려 언어는 상황을 규정할 뿐 아니라 현실을 만든다.

왜 그런가. 대부분의 사람들은 사건 자체를 경험하는 것이 아니다. 사건을 묘사하는 언어를 통해 사건의 의미를 받아들일 뿐이다. 언어는 사람들이 경험하는 세계의 중요한 창조자인 것이다. 따라서 정치언어는 정치 현실이다.

정치 집합체인 정당은 언어를 통해 이념과 비전, 그리고 정책을 제시함으로써 국민을 설득하고, 그 지지기반을 넓히기에 총력을 다한다. 상대 당의 주장과 논리를 공박함으로써 자기 당 지지자들의 마음을 더욱 확고히 다잡고, 중간 입장인 사람들이나 상대 당 지지자들로 하여금 자기 당을 지지하도록 애쓴다.

민주 정치가 여론에 바탕한 정치라면 말은 민주 정치의 핵심이다. 얼마나 많은 국민을 말로 설득해 우호, 지지 세력으로 만드느냐가 가장 중요하기 때문이다. 서독 수상을 지낸 빌리 브란트는 "국민과 정부 사이의 간격, 시민과 사회 사이의 간격을 다리 놓는 정확한 언어란 민주주의와 직접적인 상관 관계를 가지고 있다"고 말했다. 민주 정치에 있어 말은 시작이요, 끝이다. 민주주의는 말과 더불어 살고, 말과 더불어 죽는다.

독재 정치 역시 마찬가지다. 물론 권력의 성격에 따라 지도자가 사용하는 언어에는 차이가 있을 것이다. 그러나 국민의 지지를 받지 못하는 독재 정권도 부족한 정통성을 보완함으로써 국민을 한 사람이라도 더 자기편으로 끌어들이기 위해 온갖 논리와 수사를 동원한다. 민주 정치뿐 아니라 독재 정치에서도 언어는 결정적인 역할을 담당한다는 반증이다. 민주 정치든 독재 정치든, 현대든 원시 시대이든 간에 말은 바로 정치의 핵심이다.

정파간 혹은 정당간의 정치 투쟁은 대부분 말의 형태로 표현된다. 정치의 차이는 바로 정치 행위자들이 사용하는 언어의 차이다. 한때 정국의 뜨거운 현안이었던 언론사 세무조사와 관련한 국정조사에 합의한 여당과 야당이 국정조사 특별위원회의 명칭을 놓고 실랑이를 벌인 과정을 살펴보면 정치에서 언어가 얼마나 중요한가를 실감할 수 있다.

이때 민주당은 국조특위의 명칭을 '언론사 탈세 및 횡령에 대한 진상조사를 위한 국조특위'로 할 것을 주장했고, 한나라당은 '김대중 정부의 언론압살음모 등의 진상조사를 위한 국조특위'로 하자고 맞섰다. 결론은 '최근 일련의 언론사태 진상규명을 위한 국정조사 특별위원회'였다.

정치의 차이는 언어의 차이

만약 민주당이나 한나라당이 주장하는 어느 한 쪽의 명칭이 채택되었다고 상정한다면 국정조사는 시작하기도 전에 이미 승부는 끝났다고 할 수 있을 것이다. 정치의 차이는 언어의 차이이고, 정치는 바로 언어를 선점하려는 싸움이다.

국제정치에 있어서도 언어가 얼마나 중요한지는 2001년 3월 미국 정찰기와 중국 전투기의 충돌 사건 이후 미국의 '사과' 문제를 놓고 벌어진 양국간 협상과 힘겨루기를 보면 잘 알 수 있다.

중국이 미 정찰기와 승무원들을 억류한 상태에서 미국에게 '유감' regret이 아닌 '사과'apology를 요구함에 따라, 협상은 미국이 중국의 '사과' 요구를 어떤 단어로 수용하느냐는 문제를 중심으로 진행되었다. 이에 대해 〈뉴욕타임스〉는 '억류된 미 승무원들이 정치뿐 아니라 언어의 인질로 잡혀 있다'고 보도했다.

맞는 말이다. 앞에서 살펴본 대로 정치는 본질적으로 언어와 불가분의 관계이기 때문이다. 결국 '사과 문구'의 해법은 보다 사과의 뜻이 강한 중국어로 번역될 수 있으면서 동시에 미·중 양국이 제각각 해석할 수 있는 영어 단어를 찾아내느냐의 문제였던 것이다.

흔히들 우리 정치는 후진성을 면치 못하고 있다고 한다. 다른 분야의 발전을 정치가 발목잡고 있다는 것이다. 누구나 수긍하는 말이다.

그러면 정작 정치를 발전시키고, 향상시킬 방법은 무엇인가. 지금까지 많은 논란이 있었고, 여러 방안들이 모색되어 왔다. 입법 등 정치발전을 위한 제도적 장치가 마련되기도 했다. 그러나 실제로는 정당의 당리당략적 접근으로 인해 국회를 통과한 법은 본래의 의도가 희석된 정략적 타협의 산물이 되기 십상이며, 그마저 정치인들의 이기적 행태로 말미암아 실효성 없는 조항으로 전락되기 일쑤였다.

정치발전을 위한 제도적 접근은 아무리 강조해도 지나치지 않을 것이다. 이와 함께 나는 정치발전의 해법을 보다 근본적인 데서 찾는 노력이 병행되어야 한다고 생각한다. 발상을 전환해 정치발전의 실마리를 언어에서 찾아보면 어떨까.

앞에서 누차 말한 대로 정치와 언어는 떼려야 뗄 수 없는 밀접한 관계로서, 정치의 핵심은 언어다. 그렇다면 정치발전, 선진정치로 나아가는 문제는 정치언어와 직결된다.

그렇다. 역사 발전의 장애 요소로 파악되고 있는 우리 정치의 후진성을 극복하는 길은 정치권에서 사용하는 언어의 건강성을 회복하는 데서 출발한다.

말은
세상을 바꾼다

말은 사람의 생각을 드러낸다. 거꾸로 사람의 생각과 마음은 말에 의해 영향을 받는다. 나아가 말은 생각과 행동을 낳고, 또 제약하기도 한다.

이와 관련해 학문적으로는 생각이 먼저인가, 언어가 먼저인가를 놓고 오랫동안 논쟁이 있었다. 인지認知주의자들은 생각이 언어를 유도하고 통제한다고 보았고, 행동行動주의자들은 언어가 생각을 유도하고 지배한다고 주장했다.

학문적 논쟁은 차치하고라도 한 가지 분명한 것은 생각과 언어는 불가분의 관계로서 서로에게 매우 큰 영향을 미친다는 사실이다.

말은 감정과 행동을 통제한다. 화가 날 때, 혹은 지나치다 싶을 때, 우리는 마음에 새긴 말로 스스로의 감정과 행동을 제어하면서 절제한다. 성공한 사람들은 말로 표현된 가치, 비전에 마음을 붙들어 매고, 스스로를 채찍질해 그 목표를 향해 매진했다. 마음이 흐트러질라

치면 처음에 다짐했던 말을 상기하며 의지를 가다듬고 결심을 새롭게 한다.

말은 개성個性의 총체적 투사체다. 인격이 훌륭한 사람은 그에 걸맞은 말을 한다. 인품이 온유한 사람이 험악하고 상스런 말을 할 리 없고, 깡패나 강도가 온유하고 품위 있는 말을 사용할 리 없다. 사기꾼이 상대를 호리기 위해 고상한 말로 스스로를 위장한들 금방 들통나게 마련이다.

인생은 말대로 된다

말은 살아 있어 운동력이 있다. 그 자체가 힘이고 에너지다. 고상하고 품위 있는 말을 사용하기에 노력하는 사람은 그 인품이 고상하게 발전할 것이다. 즉 말은 인격을 만든다. 말은 곧 그 사람 자체다.

긍정적인 말을 잘 사용하는 사람은 적극적인 행동가일 가능성이 높다. 건강한 말을 사용하는 사람은 자신의 삶을 건강하게 이끌어 갈 것임에 틀림없다. 그는 건강한 인격의 소유자로 건강한 인생을 누릴 것이다. 반면 우울하고 어두운 말을 사용하는 사람은 비관주의자로서 암울한 인생을 살아갈 가능성이 많다.

시드니 올림픽에서 금메달을 딴 한 여자 양궁선수는 평소 휴대폰에 '나는 할 수 있다' '망설이지 말고 쏜다'라는 글자 메시지를 넣고 다녔다고 한다. 그녀는 그 메시지를 보면서, 또 혼자 그 말을 되뇌면서 스스로 자신감을 고취시키고, 필승의 신념을 불태웠을 것이다.

어찌 그녀뿐일 것인가. 모든 선수들이 그럴 것이다. 아무리 실력이 있다해도 자신감이 뒷받침되지 않을 때 그 실력이 제대로 발휘될 수 없다. '해낼 수 있다' '이길 수 있다'는 자신감으로 충만할 때라야 정신이 집중되고, 감정은 평정을 찾으며, 몸은 최상의 상태에서 가동된다.

어느 누구도 필승의 신념 없이 승리할 수 없다. 그 신념은 무엇이며, 어디서 나오는가? 바로 말이다. 신념이란 그 사람이 정한 목표나 믿는 가치를 말로 표현해 자신과 일체화시킨 것이라 할 것이다. 그렇다면 신념은 말로 만들어진다.

운동선수뿐만 아니라 다른 모든 분야에서 탁월한 업적을 남긴 사람들은 탁월한 신념의 소유자였다. 즉 자신의 목표와 비전, 가치를 표현한 말을 육화시킨 사람들이다. 그들은 필경 운동선수와 마찬가지로 자신의 신념을 강화하는 말을 되뇌며 사명으로 삼는 일에 몸과 마음을 던졌을 것이다. 신념에 따른 전력투구는 그들의 잠재 능력을 갈수록 개발시켰을 터다. 그들이 남긴 업적은 신념이 낳은 결과물일 뿐이다.

19세기 영국의 대정치가 윌리엄 글래드스턴William E.Gladstone은 "담대하라, 담대하라, 어디서든지 담대하라"라는 말을 버릇처럼 되뇌였다. 같은 시대에 활동했던 그의 라이벌 벤자민 디즈렐리Benjamin Disraeli는 "투털대지 말라, 변명하지 말라"란 말을 좌우명으로 삼고 살았다. 말할 것도 없이 그들의 정치행태는 자신들이 마음에 새긴 말과 부합했다.

말은 권능을 가진다

말은 분명 생각과 행동을 낳고, 습관을 만들며, 삶의 방향을 결정짓는다. 사람의 인생은 좋은 방향이든 나쁜 방향이든 그가 사용하는 말대로 만들어져 간다. 최근에는 환자가 말로 자기 몸 세포와 대화함으로써 치료효과를 높이는 치료법이 각광을 받고 있다. 말은 한 사람의 몸과 마음, 생활과 인생을 좌지우지하는 힘을 갖는다.

말과 심리가 밀접한 상관 관계에 있음은 개인뿐만 아니라 집단이나 사회도 마찬가지다. 군대에서 사용하는 용어는 딱딱하되 절도 있고, 단호하며 전투적이다. 그같은 성격의 용어가 군대의 기강을 세우고, 전투력을 향상시키는 데 기여함은 말할 것도 없다.

종교 봉사단체에서 통용되는 말은 부드럽고 친절하며, 정감이 넘칠 것이다. 사랑, 평화, 진리, 믿음, 온유, 겸손, 섬김, 자비, 긍휼, 기쁨, 포용, 존중, 감사 등의 단어가 주종을 이룰 것임에 틀림없다. 그래야 그 일을 해 나갈 수 있다.

지난날 반독재 투쟁을 했던 재야 단체에서는 독재정권을 타도하고 민주주의 정부를 세우기 위해 온갖 위험과 핍박을 무릅쓰고, 심지어 투옥과 목숨을 내놓는 일까지도 감수할 수 있도록 회원 각자를 무장시킬 수 있는 강력하고 독한 언어가 사용되었을 것이다. "자유라는 나무는 피를 먹고 자란다"와 같은 강력한 언어가 아니라면 생명까지도 요구하는 위험한 일을 감당할 수 없을 것이기 때문이다.

건강한 말을 사용하는 공동체는 실제로 건강하다. 상스럽고 파괴적인 언어가 통용되는 공동체가 건강할 수 없다.

개인이 성장 단계에 따라 좋아하는 언어가 바뀌듯이, 시대와 상황에 따라 다른 정치 용어와 구호가 등장한다. 사회 변화에 따른 시대적 요구와 국민적 관심사가 변함에 따라 정치·사회적 슬로건이 바뀌는 것은 당연하다. 그 구호가 설득력을 지니려면 당시의 대의명분, 국민의 요구와 정서에 부합해야 한다.

말은 세상을 바꾼다. 말은 사회를 밝게도 만들고, 어둡게도 만든다.

국가를 부흥시키기도 하고, 파멸시키기도 한다. 신뢰받는 지도자의 말은 어려운 처지에 있는 백성의 마음을 한데 모아 난관을 극복하게 한다. 민족의 활로를 열고 새로운 역사를 창조한다. 파괴적이고 사욕에 불타는 지도자는 거짓말로 백성을 속이고, 나라를 파멸의 길로 이끈다. 히틀러와 무솔리니가 그랬다.

　말은 생명력과 운동력을 가진다. 말은 권능을 가지고 있다. 지난 시대와 마찬가지로 앞으로도 인류의 문화와 문명은 언어라는 귀중한 도구에 의해 발달되어 갈 것이다.

말은
민족혼을 담고 있다

나와 친한 사이인 한 미국 외교관은 이런 우스갯소리를 했다. 한 남자가 집에 들어와 보니 마침 아내가 외간 남자와 불륜을 저지르고 있었다. 이 광경을 본 남자가 영국인이라면 그는 "실례했습니다"라고 말하면서 그 자리를 피해 준다. 일본인이라면 칼을 꺼내 와서 할복한다. 프랑스 인은 옷을 벗고 침대에 들어가 셋이서 함께 즐긴다. 미국인은 총을 가져와 둘 다 쏴 죽인다. 아내의 불륜을 목격한 한국인 남편은 주한 미대사관 앞에 가서 데모를 한다.

그의 우스갯말은 한국이 미국 영향력의 그늘을 벗어나는 과정에서 일부 한국인들이 걸핏하면 미국에 대해 분풀이를 하려는 경향성에 대한 불만과 반미 감정의 확산에 대한 우려를 담고 있다. 다른 한편 그의 조크는 각 나라 국민의 성격을 묘사하고 있다.

세계 각국의 사람들은 각기 독특한 국민성을 가지는데, 그 국민적 특징은 그들이 사용하는 언어에 가장 잘 나타나 있다고 볼 수 있다.

한 나라의 언어가 그 민족의 성격을 가장 잘 드러낸다는 것은 자연스럽고도 당연하다. 한 나라 문화의 가장 중요한 요소로서 언어에는 그 민족이 겪은 역사적 체험, 희로애락의 정서, 지적 수준과 정신적 깊이가 고스란히 녹아 있기 때문이다.

언어와 국민적 특성

우리는 각 나라의 말들에 대해 각각 다른 느낌을 받는다. 말의 뜻을 모르는 사람도 독일어는 어쩐지 공격적이고 딱딱한 인상을 느끼는 반면, 프랑스어는 매우 부드러운 느낌을 받는다. 일본말은 사무라이의 절도와 함께 간드러지는 여자의 애교를 연상시킨다.

중국말은 사무적이 아닌 인간적으로 밀고당기면서 서로를 설득하는 장면을 떠오르게 한다. 같은 영어지만 영국말은 규격화되어 있고, 고지식하게 느껴지며, 미국말은 보다 자유분방하고, 융통성이 있는 듯한 느낌이 든다.

그래서 싸울 때는 독일어, 사랑을 속삭일 때는 프랑스어, 장사할 때는 중국어가 제격이라고 했던가.

같은 말을 쓰는 사람들은 동족임을 말해 준다. 말은 자연발생적으로 만들어지고 발전해 온 것으로 한 민족의 동질감과 일체감을 함축한다. 말은 서로를 묶는 힘이 있어, 한 민족이 일시적으로 분리되어 있다 할지라도 같은 언어를 사용하는 한 언젠가는 합쳐질 가능성이 높다. 이것이 말이 가진 비밀이고, 언어의 힘이다.

같은 민족임을 규정하는 잣대는 영토도 종교도 아니다. 동족일지라도 다른 영토에 흩어져 살 수도 있고, 종족은 다를지라도 같은 종교를 신앙할 수 있다. 서로가 동족임을 확인할 수 있는 가장 큰 요인은 단연 말이다. 그래서 한 나라의 문화를 알려면 먼저 그 나라 언어를 공부하라는 말은 옳은 말이다.

그러면 어떻게 지구상에는 수많은 언어가 존재하게 되었으며, 그로써 각 민족의 특성을 나타내는가.

성경에 따르면 세상의 언어는 원래 하나였다. 창세기 당시 인간들이 교만해져서 높은 탑을 쌓아 하늘에 닿게 함으로써 자신들의 이름을 드러내고, 하나님께 도전하려 했다. 이에 하나님은 '온 땅의 언어를 혼잡케' 함으로써 인간들의 계획을 무위로 돌린다. 이것이 이른바 '바벨탑 사건'인데 그 후로 지구상에는 수많은 언어가 나타났다.

바벨탑 사건은 역설적으로 언어의 위력을 잘 말해 준다. 지구상의 모든 종족이 통일된 언어를 사용할 때 절대자에 도전하려는 생각과 힘을 갖게 된다는 것이다. 이에 하나님은 세상의 종족들이 각기 다른 언어를 사용케 함으로써 감히 하나님께 도전하려는 생각 자체를 못하게 했다.

성경을 인용하지 않더라도 세상의 수많은 언어는 각 지역과 종족에 따라, 그들의 사고방식과 생활양식에 가장 적합한 형태로 발전했을 것이다.

언어는 바로 그 민족의 혼을 담고 있다. 그래서 다른 민족을 침략한 제국주의 국가들은 그들의 식민지에 대해 가장 우선적으로 언어 정책을 실시한다. 피지배 민족의 언어 대신 자기네 언어를 가르치고 사용하도록 하는 것이다.

일제 치하에서 우리말도 크나큰 시련을 당했다. 일본은 조선어 말살 정책을 펴면서 각급 학교에서 우리말을 가르치지 못하게 했고, 일본어만 사용하도록 했다. 그것이 조선인들을 '황국의 신민'으로 만드는 첩경임을 알았기 때문이다.

우리 민족에게서 우리말을 빼앗는 것은 곧 우리의 민족혼을 빼앗는 것이었다. 그래서 의식 있는 한국인 교사들은 비밀리에 학생들을 모아놓고 모국어를 가르쳤고, 그러다가 발각되어 징계와 해고 등의 불이익을 당하기도 했다. 이는 곧 민족혼을 빼앗기지 않으려는 몸부림이었다.

모국어 배척은 자신의 뿌리를 부정하는 것

정도의 차이는 있겠지만 각 민족은 자신들의 언어를 유지, 간직하고, 후대에 계승시키려는 본능을 가진다. 그들이 어느 민족이건 고국을 떠나 타국에서 오랫동안 살더라도 모국어를 사용한다는 것은 곧 자기 정체성을 확인하는 일이고, 자손에게 모국어를 배우게 하는 것은 혈통을 이어가는 것과 다를 바 없다.

한국인의 경우 타국에 사는 2세, 3세들은 조금씩이라도 모국어를 구사할 줄 알고, 모국어를 배우기 시작하면 우리말을 배우는 외국인과는 비교가 안될 정도로 그 진도가 빠름을 알 수 있다. 당연한 일이다. 모국어 속에는 우리 민족의 피가 흐르고, 민족 정서와 역사적 경험이 녹아 있기 때문이다.

우리는 일반적으로 모국어를 못하는 한국인 2세들에 대해서는 경원시하는 경향이 있고, 우리말을 구사할 줄 아는 외국인에게는 더 큰 친근감을 느낀다. 흔히 우리말 구사 능력을 한국을 사랑하는 척도쯤으로 받아들이는 것이다.

그런 관점에서 필자는 미국 뉴욕에서 만난 한 재미교포에게 실망한 적이 있다. 40세 남짓의 이 한국인 목사는 우리말을 전혀 구사하지 못했다. 한국에서 태어나 5살 때 미국으로 건너온 그는 우리말을 배울 기회가 없었다. 그의 부친이 그를 빌리 그레엄 같은 세계적인 설교가로 키우기 위해 영어 구사에 지장을 줄까봐 우리말을 일부러 못 배우게 했다는 것이었다.

한 언어를 더 습득한다는 것이 이미 습득한 언어를 숙달시키는 데 전혀 장애가 될 수 없다는 것은 연구 결과 판명된 사실이지만, 여기서는 그 논쟁은 뒤로 미루자. 모국어를 배척하는 것은 민족혼과 자신의 뿌리를 부정하는 것이다. 그래서 필자는 섭섭한 생각이 들었다.

그런가 하면 그 반대의 예도 있다. 외교관 중에 주한 미부대사를 역임한 리처드 크리스텐슨 씨가 있다. 그는 미국에서 손꼽히는 한반도 문제 전문가로 미국의 한반도 정책에 가장 큰 영향력을 행사하는 사람 중 하나였다. 그는 60년대 평화봉사단원으로 처음 한국에 와서, 전남 목포의 한 고등학교에서 영어교사를 했고, 방과후에는 동네 청년들과 소주잔을 기울이는 등 누구하고나 격의 없이 어울렸다. 따라서 그는 자리에 따라 전라도 사투리로 농담을 할 정도로 우리말을 자유자재로 구사할 뿐만 아니라 한국의 밑바닥 정서에도 매우 익숙하다.

영어를 구사할 줄 아는 한국인이 그에게 영어로 말을 걸라치면 그는 "여기는 한국이니까 한국말로 합시다"라면서 우리말로 대화를 시작한다. 사람들은 그의 소탈한 인간미로 말미암아 금새 친근감을 느끼기 마련이다. 그만큼 두터운 한국 인맥을 가진 외국인도 드물 것이다.

그가 우리 사회 각계 각층에 수많은 친구들을 갖게 된 데에는 그의 능숙한 우리 말 구사가 큰 역할을 했음은 말할 것도 없다. 그가 우리 말로 우리와 대화한다는 것은 곧 한국인의 혼을 이해하고 함께 나눈다는 뜻이기도 하다.

건강한 말은
정치신뢰의 출발점

언젠가부터 우리 정치와 정치인은 불신의 대상이 되었다. 이제 국민의 정치 불신은 극에 달해 정치인은 '못 믿을 사람' 명단에 제1순위를 차지한다. 사람들은 사소한 꼬투리라도 잡으면 무조건 정치권을 비난하기에 이르렀다.

어느 편이 더 옳고 그른지와 자초지종을 따지려 하지 않고 싸잡아 매도하기 일쑤다. 정치 이야기만 나오면 마치 성난 무리의 군중심리가 표출되듯이 너도나도 정치권을 향해 돌팔매질한다. 그만큼 우리 정치에 대한 국민의 마음은 격앙되어 있다. 정녕 지금 우리 정치는 국민을 잃어버린 상태다.

일반 국민의 눈에는 정치가 불신 덩어리, 지저분한 흙탕물 속에서의 이전투구쯤으로 비칠 법하다. 국민들이 정치에 대해 갖는 연상은 여유 없는 각박함, 대화와 토론의 인색함, 힘겨루기식 대치, 저질성 인신 공격, 국리민복이 아닌 당리당략, 눈먼 돈과 부정부패 등일 것이다.

국민을 잃어버린 정치

정권을 잡는 것은 정당의 존재 이유이고, 정치 집합체의 목적임이 분명하다. 그러나 그 목표를 향해 가는 과정과 절차 속에서 멋과 여유, 낭만, 투명성이 있을 수는 없는 것일까. 아니 반드시 그것이 있어야 한다. 어차피 민주주의는 과정이 중요하고, 그 과정을 통해 정치는 국리민복國利民福을 추구하는 것이 아니던가.

하지만 그러기에는 우리 정치의 풍토와 문화가 너무나 척박한 것이 엄연한 현실이다. 이것이 정치불신의 중요한 이유임은 말할 것도 없다.

수년 전 정치권에서는 중선거구제와 권역별 정당명부제 등 고비용 저효율 정치의 타파와 지역주의 완화를 겨냥한 정치제도안을 놓고 논란이 된 적이 있다. 그러나 각 정파의 이해관계에 묶여 정치개혁안은 흐지부지 되고 말았다.

여야 협상을 통해 마련된 선거법마저 선거 때 제대로 지켜지지 않고 있는 것이 현실이다. 그럼에도 불구하고 정치개혁과 정치발전을 위한 제도적인 접근은 계속되어야 한다. 끊임없이 개선방안은 강구되어야 한다.

거기에 정치가 국민의 신뢰를 회복하기 위해서는 제도와는 별도로 정치인들의 행태가 바뀌어야 한다는 것이 나의 생각이다. 국민들에 거부감을 주는 정치인들의 행태가 정치불신의 큰 몫을 차지하고 있기 때문이다.

정치언어 바로 쓰기는 바른 정치 만들기

정치의 건강성과 신뢰회복은 무엇보다도 정치인들이 바른 말을 쓰는 데서 시작해야 한다. 정치언어 바로 쓰기는 곧 바른 정치 만들기다.

정치는 정치문화의 산물이고, 정치의 핵심은 언어다. 언어는 한 사람의 인격이고 문화다. 언어에는 그 사람의 사고 방식과 지적 수준, 정서와 지향성, 경험과 교육배경 등이 녹아 있다. 또 한 공동체 내에서 사용하는 언어가 그 공동체의 성격을 규정한다.

정치의 차이는 언어의 차이이며, 정치 투쟁은 결국 말싸움이다. 그렇다면 건강한 정치를 위해서는 먼저 정치언어의 건강성을 회복해야 한다. 정치인들이 바른 언어, 건강한 언어를 사용한다면 정치권의 문화는 건강하게 바뀐다. 건강하고 품격 있는 정치언어는 정치의 질을 높인다.

감정 대신 이성적인 언어, 저질성 막말 대신 절제된 용어를 써야 하는 이유가 여기에 있다. 과격한 표현 대신 차분한 논리, 험악한 말 대신 여유 있는 유머가 통용되어야 한다. 선동 대신 설득이어야 하며, 파괴 대신 건설, 좌절이 아닌 희망을 이야기해야 한다.

우선 정당 대변인단의 성명, 논평에서 품위 있고 건강한 언어가 사용되어야 한다. 정치인 각자는 스스로를 비하시키고 결국 우리 정치를 후퇴시키는 발언을 해서는 안 된다.

국민의 대표로 뽑힌 의원들을 감시하는 것은 국민의 권리이며, 의무다. 무엇보다도 시민단체와 국민들은 지금부터 정치언어에 중점을 두고 정치인을 감시해야 한다. 선거 때는 물론 평상시에도 정치인의 입에서 나오는 말에 주목해야 한다.

정치발전을 저해하는 언어, 사리사욕을 위해 국민과 공동체를 분열시키는 언행을 철두철미하게 가려내야 한다. 그리고 추상 같은 의지와 결집된 힘으로 당사자를 응징해야 한다. 특히 지역감정을 자극하는 정치인은 정치권에서 발을 못 붙이도록 영원히 퇴출시켜야 한다.

이제 국민을 잃어버린 정치에서 국민을 되찾는 정치로 만들어야 한다. 그것은 건강한 말, 희망의 정치언어를 쓰는 데서 출발한다.

지역감정은
절망의 정치언어

"구미의 공장을 뜯어다 광주에 공장을 짓고 있다" "부산 젊은이들의 취직을 안 시켜 주고 있으며, 부산의 씨를 말리려고 한다" "현재 진행 중인 구조조정은 결국 부산 경제를 망하게 하는 구조조정이다" "대구·경북 관급건설 공사시 원계약자는 전부 전라도 사람이고, 대구·경북 사람은 전라도 사람한테 하청을 받아 일하고 있다."

국민의 정부가 출범한 지 1년 남짓 되어 가던 지난 99년 초, 이같은 유언비어가 영남 지역을 휩쓸었다. 허무맹랑하기 그지없는 유언비어는 당시 IMF 경제난과 정권을 빼앗긴 박탈감으로 흉흉해진 그곳 민심과 상승작용을 일으키며 요원의 불길처럼 퍼져 나갔다.

여당은 전혀 근거 없는 유언비어가 마치 사실인 것처럼 받아들여지는 현실을 심각하게 인식하면서 영남 민심 관리 차원에서 그 대응책을 논의했었다. 문제는 얼토당토 않는 유언비어가 대부분 영남 지역

주민들에게 그대로 먹혀든다는 데 있었다.

지역감정 조장 주범은 정치인

지역감정의 가장 큰 피해자였던 김대중 대통령은 취임 이후 지역주의 극복을 위해 혼신의 힘을 쏟는 듯이 보였다. 지역감정을 완화시키려는 그의 노력은 가히 한 여인을 향한 눈물겨운 구애를 방불케 했다. 하지만 그의 가상한 노력에도 불구하고 지역감정은 누그러지지 않는 듯했다. 아니 과거 정권 때보다 더 심해졌다고 보는 사람들이 적지 않았다.

우리 나라에서 지역감정 극복은 정녕 무망한 것인가, 지역감정 극복 노력은 현실적으로 무의미한 것인가. 나는 지역감정이야 말로 우리 정치의 가장 심각한 문제이며, 모든 정치 문제의 근본이라고 단언한다.

우리 나라 정당은 근본적으로 지역에 바탕을 두고 있고, 각 당의 당리당략은 지역감정에 기대고 있다. 우리 정치의 모든 부정적인 요소는 결국 지역감정에 귀결된다. 한 정당의 당론이 합리성을 결여한 채 여론과 동떨어진 내용으로 결정되는 배경에는 결국 지역감정이라는 악마가 도사리고 있음을 알 수 있다.

국회의원들이 국회에서 상식에 어긋나는 돌출 발언을 해 파란을 일으키고, 국회를 파행시키는 경우를 종종 본다. 여론의 비난이 빗발치더라도 발언 당사자가 유독 출신 권역에서는 영웅시 되는 까닭은 바로 지역감정 때문이다. 이같은 정치인들의 행태야말로 지역 정서를 자극해 정치적 이득을 챙기고, 결과적으로 국민을 분열시키는 반민족적 범죄 행위가 아닐 수 없다.

영남 지역에서는 무조건 호남 출신 지도자를 욕하기만 하면 몰표가 나오고, 그 반대도 마찬가지라면, 우리 정치는 물론 경제, 사회, 문화 각 부문에서 합리적이고 효율적인 결정이 내려질 수 없다. 지역감정은 사회 각 부문을 멍들게 하는 독소일 뿐 아니라, 나라와 역사의 발전을 가로막는 망국병이다.

각 정파들은 지역감정의 원인과 책임을 서로에게 떠넘긴다. 그러면 누가 무엇 때문에 지역감정을 조장하는가? 말할 것도 없이 정치인이다. 선거 때 당선에 유리한 환경을 만들기 위해 지역감정을 선동한다. 지역감정을 조장하는 주범은 결국 정치인들인 것이다.

그들은 말로는 하나같이 '지역감정 타파'를 외치지만 정작 자신의 이해가 걸리면 교묘하게 지역감정을 부추겨 반사 이익을 챙기려한다. 과거에 노골적이었다면 지금은 기술적이고, 지능화했다는 것이 다를 뿐이다.

지역감정의 본질은 말

우리 정치 문제의 본질은 지역감정이고, 지역감정의 본질은 말이다. 정치인들이 정치적 이득을 겨냥해 퍼뜨리는 악성 루머, 유언비어, 흑색선전이 지역감정을 부추기는 주요인이다. 이미 우리 나라의 지역감정은 골이 깊어질 대로 깊어 치유하기 힘든 상태가 되었다. 그럼에도 정치인들은 지역감정 자극하기를 멈추지 않는다.

직접 지역감정을 건드리면 언론과 시민단체, 그리고 일반 국민으로부터 비난에 직면할 것임을 잘 아는 일부 정치인들은 '특정 지역 출신 인사편중' '지역간 투자 편차' 등을 문제삼으며 은근히 지역감정을 부추긴다. 문제는 그들이 인용하는 자료나 통계를 지역감정 자극 목적에 맞추어 의도적으로 왜곡하거나 자의적으로 해석할 뿐 아니라, 허위·과장하는 데 있다.

　지역감정 선동은 어떤 범죄행위보다도 큰 반역사적·반민족적 죄악이다. 이 나라의 각 분야가 제대로 발전하도록 하기 위해 우리 정치는 최우선적으로 지역감정 타파와 지역구도 극복에 초점을 맞추어야 한다. 무엇보다도 국민 모두가 지역감정이야말로 우리 정치의 가장 근본적이고 심각한 문제라는 인식을 갖는 것이 중요하다.

　지역감정을 극복하기 위해 제도적으로 접근하려는 노력은 아무리 강조해도 지나치지 않다. 이와 더불어 정치인들이 지역감정을 자극할 수 있는 말과 행동을 제어할 수 있는 장치를 만들어야 한다. 정치인들은 상대 당과 특정 지역을 동일시함으로써 지역민의 정서를 자극하거나, 타지역 출신 정치인을 배타하거나 경멸하는 말을 절대로 해서는 안 된다. 각 정당은 지역감정이 조장될 수 있는 지역에서 장외집회를 의도적으로 열지 말아야 한다.

　언론과 시민단체, 그리고 깨어있는 국민은 정당과 정치인들의 언행을 철저하게 감시해야 한다. 조금이라도 지역감정을 자극하려는 말과 행동이 있다면 이를 철두철미하게 가려내야 한다.

　지역감정은 '절망의 정치언어'다.

시대 상황과
정치 구호

시대에 따라 사용되는 정치언어가 달랐고, 정권마다 국정운영의 명분으로 내세운 키워드가 달랐다. 뿐만 아니라 집권자들이 각자 선호하는 말들이 달랐다. 이는 정치상황과 정권의 성격, 최고 권력자의 개성이 서로 다르고, 시대적 과제와 국민적 요구가 달랐기 때문이다.

정권의 입장에서는 그것이 국가적 과업이든, 정권의 정통성 문제이든 간에 우선적으로 해결해야 할 과제가 있고, 거기에 맞추어 이른바 통치이념과 국정지표가 제시된다.

여기서 언어는 이같은 통치이념과 국정지표, 정치적 비전을 담는 그릇일 뿐 아니라 그 내용물을 국민에 전달하는 강력한 도구로 역할한다. 나아가 목표로 제시된 언어는 국론을 모으고 목표를 향해 국민 여론을 끌고 가는 데 기여한다. 그 과정에서 언어는 부단히 명분과 화두를 만들면서 목표와 수단을 정당화하는 역할을 담당한다.

왕조 시대 왕의 언어는 백성의 생사여탈권을 가진 절대 권력자의 지배언어였을 것임에 틀림없다. 평생 왕이며 나라의 주인으로서 '짐'은 백성 위에 군림하며 그들을 다스렸다.

아무리 선정을 펴고 백성의 소리에 귀기울인다 해도 그것은 어디까지나 시혜적인 입장이었지, 동등한 입장에서의 쌍방통행식 의사소통은 있을 수 없는 일이었다.

일제 식민지 시대 우리의 언어에는 서러움, 체념, 혹은 의로운 분노 등이 스며들어 있었을 것이다. "울 밑에선 봉선화야, 네 이름이 처량하다"는 노래가사처럼 당시 우리의 언어에는 기본적으로 나라를 잃은 데 대한 슬픔과 체념이 깔려 있었다.

그런 가운데 민족 지도자들, 독립투사들은 각계에서 활동하면서 피지배 민족의 절망감과 패배의식을 극복하고 새 희망과 독립에의 의지를 심어 주기에 총력을 기울였다.

민족의 독립을 위해 흔쾌히 한 목숨을 내던졌던 그들의 애국·애족의 언어는 백성들에게 굴종의 현실을 넘어 독립된 자유세계를 꿈꾸게 하며 독립 쟁취 의욕을 고취시켰다. 특히 뜻있는 젊은이들로 하여금 핍박과 수탈에 대한 의로운 분노로 피를 끓게 만들었고, 그들의 삶을 독립 쟁취를 위해 헌신하게 했다.

정권의 성격과 키워드

이승만 대통령이 해방 조국의 건국을 위해 필요한 정치구호는 '뭉치면 살고 흩어지면 죽는다'였다. 해방을 맞았으나 친일과 반일, 우익과 좌익의 대립 등으로 가치관과 사회가 혼란스런 상황에서 이승만에게 급선무는 국론 결집이었을 것이다.

　　독재 정치와 장기집권 기도로 인해 이승만 정권에 대한 국민의 불신이 극으로 치닫고 있을 때, 신익희 민주당 대통령 후보가 한강 백사장에서 40만 군중 앞에 토해낸 "못 살겠다, 갈아보자"의 사자후는 바로 당시 일반 국민의 정서를 대변한 정치구호였다.

　　철저하게 경제성장 위주의 정책을 밀고 나갔던 박정희 정권이 사용한 정치 구호는 '잘 살아보세'였다. 이 한 마디의 말은 박대통령의 국가운용 철학과 전략, 그가 그리는 나라의 청사진과 민족의 미래, 그리고 독재의 정당화를 함축하고 있다.

　　박정희의 철권통치는 점차 민주주의를 신봉하는 세력의 반발과 확산을 불렀고, 그 전까지 그 성격과 역할이 불분명했던 재야를 한 데 묶어 확실한 민주화 투쟁세력으로 자리매김하게 했다. 재야세력은 강력하고도 극단적인 언어로 스스로를 의식화, 무장하면서 독재정권과 맞서 투쟁했다.

　　박정희 독재정권이 내부 분열로 무너진 후 짧았던 '서울의 봄'을 거쳐 봇물처럼 터져 나온 민주화 열망을 짓밟았을 뿐 아니라, 광주 민주화 운동을 총칼로 진압한 신군부는 우선 '정의사회 구현'이란 구호를 내걸고 구정치인들을 부패한 세력으로 몰았다. 전두환의 5공 정권은 과연 위압과 공포에 바탕한 정치언어를 구사했다.

　　독재정권의 심장이었던 전두환은 정치 현안이 풀리지 않을 때마다 '중대 결단'이란 용어를 유난히 많이 사용했다. 이 말에는 합법적인 절차와 과정을 무시할 뿐 아니라, 다른 세력과의 타협과 협상을 집어치운 채 독단으로 일을 추진해 나가겠다는 협박이 고스란히 담겨 있다.

　　전두환 정권의 폭압에 저항하는 민주화 세력의 언어 역시 더욱 극렬해졌음은 물론이다.

전임자에 대한 철저한 굴신으로 권력을 이어받은 노태우가 내건 구호는 '위대한 보통사람들의 시대'였다. 이는 말할 것도 없이 전두환의 권위주의 정권과 의도적으로 차별화하려는 슬로건이었다.

그는 대통령 선거 때부터 사용한 "믿어 주세요"란 말을 재임 중에도 연발했다. 그의 말 뒤에는 엄청난 부정축재가 진행되고 있었으니, 역설적으로 신뢰받을 수 없는 인물이었기 때문에 그 위선을 감추기 위해 '믿어 달라'는 말을 자주 사용했는지 모른다.

그의 집권 시절 등장한 이른바 '노심'이란 말은 노태우 대통령의 마음이 어디에 있는지 도무지 종잡을 수 없는 데서 나온 언론 용어로, 그의 우유부단하고 애매모호한 정치행태를 잘 나타내는 말이다.

YS 문민정부에서 훼손당한 '개혁'

김영삼 대통령이 취임하면서 내건 통치이념은 '개혁'이었다. 문민정부의 출범과 더불어 '개혁 차원'의 사정과 인적 청산의 회오리바람이 거세게 휘몰아쳤다.

그러나 김영삼 대통령의 문민정부 하에서 개혁은 일반에게 왜곡 인식되었고, 개혁이란 단어는 크게 훼손당하기에 이른다. YS 개혁은 제도화가 아닌 인치, 미운 털 박힌 사람 손보기, 정치 보복, 프로그램 없는 즉흥성, 집권 기반을 다지기 위한 정략 등으로 인상 지워졌고, 결국 YS 개혁의 대부분은 실패로 끝났다.

권력 핵심부의 개혁 의지 상실과 더불어 문민정부 통치이념은 '세계화'로 바뀐다. 사상 초유의 IMF 관리체제를 불러옴으로써 YS 문민정부가 실패로 끝날 때까지 '세계화'란 구호는 각 분야에서 가장 중요한 국정지표로 작동되었다.

김대중 대통령의 국민의 정부 출범과 함께 '개혁'이란 용어는 진정한 의미와 위상을 되찾는 듯했다. DJ 정부는 당면 과제인 IMF 극복과 경제회생, 그리고 각 부문의 적폐를 청산하기 위한 본격적인 개혁과 구조조정 작업에 착수했다.

당연히 DJ 정권의 키워드는 개혁이었다. DJ 정부에서 개혁은 선택의 문제가 아니라 생존의 문제로 그 중요성이 격상되었고, YS 정부 때와는 달리 제도화를 추구했다.

김 대통령의 일관된 햇볕정책은 남북 정상회담으로 이어졌고, '남북 화해 · 협력'은 자연스럽게 DJ 정권의 또 다른 키워드가 되었다.

그러나 DJ의 개혁은 기득권 세력의 만만찮은 저항에 부딪쳤고, 햇볕정책은 국민을 충분히 설득하는 데 실패해 적지 않은 어려움에 봉착하기도 했다.

노무현의 참여정부는 '참여민주주의'와 '혁신'을 강조하며 의욕을 보였으나 국민과의 의사소통에 실패해 신뢰를 잃었다.

앞에서 살펴본 대로 민주화의 흐름에 따라 집권자가 사용했던 정치언어는 일방통행식 위압과 우격다짐, 권위적 성격에서 점차 양방통행식 설득, 민주적 성격으로 바뀌어 갔다.

가치중립적 도구로서 언어는 때로는 시대적 과제를 해결하는 데 나름대로 기여했을 뿐 아니라, 때로는 독재정권을 정당화하는 역할을 담당했던 것이다.

정치 홍보는
타이밍이 관건

정치 홍보는 무엇보다도 타이밍이 중요하다. 정치는 살아 있는 생물이어서 항상 변하고, 사회, 경제 등 각 분야에서 터지는 예측할 수 없는 돌발 사건들은 곧바로 정치 문제와 연결되기 때문이다.

회사 이미지 혹은 상품 홍보가 사회 풍조와 일반 국민의 소비성향에 맞춰 긴 호흡으로 이뤄진다면, 정치 홍보의 경우 끊임없이 변하는 상황과 한정된 시간 속에서 그때 그때 대중을 파고들어야 한다.

정치 홍보 담당자들은 상황에 따른 논리와 메시지를 개발해 국민이나 유권자에게 널리 알리고 그들을 설득해야 한다. 효과적인 홍보가 되려면 먼저 국민이나 유권자의 정서와 요구가 무엇인지를 정확하게 파악해야 함은 물론이다.

나의 관측으로는 우리 나라 정당의 홍보 활동은 대개의 경우 정쟁과 관련한 선전전이다. 특히 야당의 근거 없는 정치 공세와 이에 대한 여당의 맞대응 성격의 홍보가 태반이다.

야당의 공격과 여당의 방어전 양상

정치 홍보의 내용이 각 당의 대 국민 정책 홍보가 아닌 정쟁의 성격을 갖는 것은 우리 정치의 후진성을 여실히 말해 준다.

여야간 정쟁은 대개 야당의 공격과 여당의 방어전 양상으로 전개되는 데, 이런 구도 속에서 여당의 홍보는 잘해 봐야 본전치기일 수밖에 없다. 야당이 무책임하게 허위 주장을 펴면 여당은 이에 대해 해명하고 그것이 사실이 아님을 입증하는 식이다. 사정이 이렇다보니 야당의 정치 공세에 대해 여당은 방어에 급급할 수밖에 없는 실정인 것이다.

이같은 정치행태는 정치판을 더욱 어지럽게 만들고, 국민을 피곤케할 뿐 아니라 국민의 정치불신을 심화시킨다.

그렇다면 여당 입장에서 야당의 정치 공세에 끌려다닐 것이 아니라 홍보 패러다임의 전환을 통해 이슈를 선점함으로써 정치를 주도할 수 있어야 한다. 이는 정쟁의 늪에 빠져 허우적거리는 우리 정치를 생산적 토론의 장으로 이끄는 일이기도 하다.

여당은 참신한 정치 아젠다Agenda를 독자적으로 개발할 뿐 아니라 준비된 이슈를 고도의 전략적 판단에 따라 적시에 정치 쟁점으로 던질 필요가 있다. 예를 들어 대통령 4년 중임제 개헌 등 정치적 이슈뿐 아니라 낙태, 성인 영화관, 공창 제도 등 민감한 사회적 이슈를 정치 쟁점으로 삼는 것이다.

이슈를 선점함으로써 여당은 정치적 주도권을 잡을 수 있을 뿐더러 정치를 생산적 논쟁으로 유도할 수 있다. 이는 홍보 담당자만의 문제가 아니라 당 차원의 종합 전략이어야 한다. 여기에 기획 홍보, 전략 홍보의 개념이 요구된다.

이같은 측면에서 이슈 관리는 필요하다. 이슈 관리란 미래에 위기를 불러일으킬 가능성이 있는 이슈를 미리 진단하고 이를 처리하는 관리 전략이다. 어떤 이슈가 공중의 조직적 의견으로 굳어지거나 사건으로 표출되기 전에 조직이 일찍 관여하게 되면 성공적으로 이슈를 해결할 가능성이 높기 때문이다.

이슈 창출해 생산적 토론 유도

거의 모든 이슈는 언론에 의해서 제기되고 언론에 의해서 종결된다. 따라서 홍보담당자에게 언론은 가장 중요한 분석 대상이다. 가장 큰 홍보 효과 역시 언론 보도를 통해 얻을 수 있다는 점을 명심해야 한다.

여기서 효과적인 정치광고는 어떠해야 하는지를 살펴보자. 정치광고의 타겟은 항상 부동층이다. 친여 지지층이나 친야 비토층은 선거 광고에서는 배제 대상이다.

정치광고에 있어서 타겟을 분석해 보면, 우선 30~40대 화이트 칼라층은 비판적 성향과 긍정적 성향이 공존하는 데, 이는 20대의 기대감 좌절과 공동체에 대한 책임의식에서 비롯된 것이다. 따라서 인정할 것은 인정하고 사실에 기초한 광고, 책임감이 느껴지는 진솔한 광고가 효과적이다.

40대 중반에서 50대 보수 장년층은 경험으로부터 형성된 자기판단 우선층으로, 고집이 세고 그만큼 설득이 어려운 세대다. 따라서 '잘하겠다. 밀어달라'는 식의 감성적으로 굽히고 들어가는 광고가 효과적이다.

주부와 여성층의 경우, 인구의 절반이 여성이나 정치 마케팅에서의 비중은 거의 없는 실정이다. 따라서 여성표를 위해서는 가장들을 공략하라고 전문가들은 조언한다.

정치광고는 컨셉보다 메시지 개발이 더 중요하다. 통상 제품광고에서는 광고 캠페인을 일관되게 만드는 컨셉이 중요하나 정치광고에서는 메시지가 더 중요하다. 이런 현상은 보통 상품광고는 시장 상황이 일순간에 바뀌는 경우가 드물지만 정치광고는 상황이 순간 순간 변하기 때문에 컨셉에 맞는지 안 맞는지를 따지는 것은 시간 낭비일 뿐이다.

일반적인 광고의 최근 경향은 감성적 접근을 많이 하고 있으나 실전적 정치광고에서는 이런 식의 감성적, 우회적 광고는 실제 충격 효과는 별로 없는 편이다. 따라서 정치광고에서 가장 중요한 메시지는 반드시 헤드라인에서 표현해야 한다.

또 한 가지 명심할 것은 정책광고보다는 이슈광고가 보다 효과적이라는 점이다. 정치광고와 관련해 언제나 '정책 정당이 없다' '정당광고에 정책이 없다'는 말이 나오지만 실제 소비자는 정책광고에 관심이 없다. 소비자들은 못 들었던 이야기, 혹은 심증이 갈만한 사회적, 대중적 이슈에만 관심이 있다.

정치광고에서는 신속한 이슈 대응 능력이 매우 중요하다. 정치적 이슈의 증폭은 순식간에 이뤄지기 때문이다. 이슈 대응은 신속한 결정에 따라 광고에 즉각 반영해야 한다. 이와 관련해 정면 대응 전략, 무 대응 전략, 이슈 회피 전략, 이슈 축소화 전략, 더 큰 이슈로 덮기 전략을 그때 그때 상황에 따라 활용할 수 있다.

총선 홍보 기조와
주 메시지 개발

2000년도에 치러진 제16대 국회의원 선거 때 새천년민주당 홍보위원회 상임부위원장 겸 당보 주간을 맡았던 내가 총선기획단 부단장으로 전략회의에 참여한 것은 매우 유익한 경험이었다. 두 달 동안 총선기획단 회의는 매일 저녁 10시경 시작해 자정을 넘기기 일쑤였다.

나는 이 경험을 통해 선거에서 언어와 이미지를 이용한 홍보가 얼마나 중요한가를 실감할 수 있었다.

우선 중요한 것은 총선 홍보 기조를 무엇으로 정할 것인가였다. 야당과 차별화된 당의 정체성을 살리면서 각계 각층에서 고르게 표를 끌어낼 수 있는 메시지가 필요했다.

개혁을 지나치게 앞세우면 안정희구 세력의 불안심리를 자극할 우려가 있고, 안정을 강조하다 보면 강력한 개혁을 추진해 온 '국민의 정부'와 여당의 정체성이 모호해진다. 이는 둘 다 득표에 도움이 안될 것이었다.

개혁인가, 안정인가

그래서 처음에 나온 것이 '경제도약론'이다. 집권 1기 동안 'IMF 1
년 반만에 극복' 약속을 지킨 김대통령이 집권 2기에 경제도약을 통한
'3년 내 선진국 진입'을 국민 앞에 약속하는 내용이었다.

영국이 IMF를 8년 만에 극복한 것과 우리가 1년반 만에 극복한 것
을 비교해 '위대한 국민'으로서 승리감을 고취시키고, 어려운 여건 아
래 기업 개혁을 통해 1999년에 우리 기업 사상 최고의 수익을 달성한
기록을 부각시키면서 선진국 진입에의 비전을 제시하는 것이었다.

그러나 도약이라는 말이 다소 비약과 환상을 함의함으로써 일반 국
민에게 거부감을 줄 수 있다는 반론이 제기되었다. 결국 논란 끝에 총
선 홍보 기조는 개혁과 안정 병행론으로 정리되었고, 총선 주主 슬로
건은 '안정 속의 개혁'으로 결정되었다.

'안정 속의 개혁'은 개혁을 지속적으로 강력하게 추진하되 안정을 해
치지 않는 범위 내에서 한다는 의미를 지니고 있다. 또 이 슬로건은 개
혁의 지속적 추진을 통한 경제번영을 가져오기 위해서는 정치안정이
필수적인 바, 여당이 안정 의석을 확보해야 한다는 호소를 담고 있다.

주 슬로건이 정해짐에 따라 단계별 홍보 전략이 세워졌다. 우선 여
론조사 결과 경제정책을 특별히 강조하는 정당이 유리하고, 유권자들
은 '중산층과 서민 살리기' 공약에 대해 가장 큰 호감을 갖는 것으로
나타났다.

빈부격차 심화의 책임은 현정부보다는 김영삼 정부와 한나라당에
있다는 의견이 훨씬 많았고, 여성정책과 노인정책을 강조하는 정당이
많은 지지를 받을 것으로 나타났다. 특히 여성들은 성폭력과 미성년
자 매매춘 근절에 대해 큰 관심을 보였다.

이에 따라 선거 캠페인 방향은 '정치개혁과 경제번영을 선택하는 선거'로 잡혔다. 한나라당을 IMF를 불러온 경제파탄의 주범으로, 민주당을 IMF를 극복한 정당으로 대비시키고, 특히 민주당의 '중산층과 서민을 위한 경제' 노력을 강조하는 방향으로 홍보 컨셉을 잡았다.

이에 대해 한나라당은 은행과 알짜 기업을 외국인에 매각했다고 주장하며 이른바 '국부 유출론'을 들고 나오는가 하면, 1999년 말 현재 실제 국가채무 규모는 108조원이었으나 이를 428조원으로 부풀려 정부를 공격했다. 국가채무 규모가 선진국에 비해 훨씬 낮은 수준임에도 이를 부풀리는 것은 우리의 대외신인도만 끌어내리고, 그나마 회복 기미를 보이는 경제에 찬물을 끼얹는 무책임한 행위였다. 아니나 다를까, 선거전이 진행되면서 국내에 투자한 외국 기업들과 상공관련 단체들이 "한국의 국가채무가 그 정도가 되는 줄 몰랐다"면서 동요하는 모습을 보였다.

위기론의 대두

이를 계기로 민주당은 홍보 방향을 위기론에 맞추기로 의견을 모았다. 원래는 선거 막판에 '경제위기 재발론'을 내세워 표몰이에 나설 계획이었으나, 경제정책에 관련한 한나라당의 공세로 위기의식이 확산되는 때를 맞추어 위기론 홍보를 앞당기게 된 것이다.

당시 신문 정책광고 내용을 보면 여당인 새천년민주당의 총선 홍보 방향이 단계별로 어떻게 바뀌었는지를 알 수 있다. 우선 3월 초순에 나간 첫 광고의 큰 제목은 "새천년의 첫 3년, 정치싸움으로 망칠 수 없습니다"였다. 도미노가 연달아 쓰러지는 장면을 배경으로 건국 이래 최저 금리, 최저 물가상승률, 최고 외환보유고, 주가 회복, 실업 감소 등 '국민의 정부' 5대 성과를 실었다.

두 번째 광고는 "누가 IMF를 불러왔습니까? 누가 경제위기를 극복했습니까?"의 큰 제목으로 야당의 실책과 여당의 공적을 대비시키고, 안정 의석이 곧 경제 도약이라는 등식을 삽입했다.

3월 하순에 게재한 세 번째 광고는 본격적으로 위기론을 제기했다. "IMF를 불러온 당이 또다시 나라를 망치고 있습니다"라는 큰 제목 아래 신 북풍 발언으로 '안보 혼란 조성', 국가채무 부풀려 '경제 혼란 조성', 한나라당 대우자동차 노조 방문단의 '인천 마비시키자' 발언으로 '사회 혼란 조성' 내용을 담았다.

마지막 정책광고는 "누가 경제를 망쳤습니까? 누가 경제를 살렸습니까?"로 다시 경제 살리기에는 한나라당이 아니라 민주당이 적격자임을 상기시켰다. 뿐만 아니라 정치불안은 제2의 경제위기를 부른다는 점을 강조했다.

이와 함께 민주당보 '안정 속의 개혁'은 이회창 한나라당 총재와 김영삼 전대통령의 '김대통령 하야' 시사 발언을 빌미삼아 "한나라당 · YS, 대통령 하야 획책"이란 기사로 위기론 제기에 가세했다.

야당이 정략적 목적으로 국가혼란을 부추겨 우리 나라를 무정부 상태로 만든다면, 외국 투자자들은 동요를 일으켜 투자 회수에 나서게 될 것이고, 이는 필연적으로 경제위기로 연결될 수밖에 없다는 논리였다.

특히 선거 때는 급박하게 돌아가는 상황과 유권자들의 정서 변화를 민감하게 포착해 그에 걸맞은 홍보전을 펼쳐야 한다.

제4부
언론이 여론을 만든다
_언론과 정치

언론에 의한,
언론을 위한 정치

어느 나라를 막론하고 정치와 언론과의 관계는 너무나도 밀접하다. 언론 없이 정치를 생각할 수 없다.

언론이 정치에 미치는 영향은 너무도 커서 링컨의 게티스버그 연설의 표현을 빌려 '언론의, 언론에 의한, 언론을 위한 정치'라 해도 과언이 아닐 성싶다.

정당도, 정치인 개인도 언론의 보도에 따라 인기와 위상이 오르락내리락하기 마련이다. 비판적인 기사 한 줄은 정치인에게 치명상을 입힐 수 있다. 그래서 정치인들은 자신이 관련된 기사에 대해 신경을 이만저만 쓰는 것이 아니다. 언론에 비친 자신의 모습이 국민들에게 그대로 투영되기 때문이다.

각 정당들도 언론을 의식하기는 매 마찬가지다. 언론이 보는 시각과 평가는 그것 자체가 곧 여론이기 때문이다. 그래서 '언론에 의한 정치'란 말은 무리한 표현이 아니다.

사진거리 만들기 연출

아침마다 정당의 각종 회의가 비공개로 열리기 전 회의장에는 기자들과 카메라 기자들로 북적거린다. 카메라 기자들은 주로 당 지도부의 얼굴 표정을 중심으로 사진거리를 만든다. 그 당과 관련된 일이 잘 풀려나갈 때는 밝은 표정을, 궁지에 몰려 있을 때는 어둡고 굳은 표정을 잡기에 노력한다.

회의가 시작되기 전에 기자들은 주로 당 대표에게 현안에 대한 질문을 하거나, 코멘트를 요구한다. 이때 당 대표는 문제의 핵심을 잘 파악해 당의 입장과 자신의 견해를 밝혀야 한다. 그의 말은 곧 현안과 관련해 당이 추구할 방향이며, 따라서 국정 운영의 향방과 밀접한 관련이 있다.

따라서 기자들은 그가 한 말의 내용은 말할 것도 없고 그 뉘앙스 와 어조, 표정에서 그의 심중을 읽고 정치의 방향을 짐작하기에 노력한다. 이때 당 대표는 신중하게 답변해야 하며, 용어를 극히 정교하게 사용해야 한다. 자칫 잘못하면 한번 한 말을 다시 주어 담고, 해명하기 위해 진땀을 흘려야 한다.

회의 내용을 보더라도 정책에 관한 결정이나 국정운영 대책에 대해 토론하는 것 못지않게 정치 현안에 대한 상대 당의 주장을 압도할 수 있는 대국민 홍보논리를 논의하고 정립하는 일이 큰 비중을 차지한다. 쟁점과 관련해 회의에서 논의된 내용, 즉 상대 당에 대한 공박과 자당의 논리는 대변인을 통해 발표된다.

정당의 각종 회의에서 정치의 내용 못지않게 현안에 대한 논리를 세우는 데 큰 비중을 둔다는 것은 우리 정치와 정당이 언론을 얼마나 의식하고 있는지를 단적으로 보여 준다. 아니, 말이 정치의 핵심이라고 볼 때 토의 내용을 논리로 포장해 언론과 국민에게 전달하는 것 자체가 정치행위라고 할 수 있을 것이다.

대체로 일요일은 휴무이기 때문에 당의 공식 일정이 없고, 따라서 그렇다할 기사나 사진거리가 없기 마련이다. 그러나 대변인실 당직자들은 신문에 나갈 사진거리를 제공하기 위해 당 대표나 사무총장 혹은 원내총무에게 연락을 취해 그들이 당사에 나와 당직자들과 숙의하는 모습을 연출하도록 한다. 순전히 사진거리 만들기 행사인 셈이다. '언론을 위한 정치'의 측면을 잘 보여 주는 하나의 삽화다.

의원들 중에는 별다른 일정이나 기사거리가 없는 일요일을 택해 기자회견을 하는 사람도 적지않다. 평일에는 묻혀버릴 수 있는 기사가 일요일에 회견을 하면 다음날 신문에 크게 반영될 수 있기 때문이다.

언론 의식한 겉치레 행사

정당의 지도부는 때에 맞추어 현장을 방문한다. 연말에는 경찰서와 소방서, 양로원, 고아원, 군부대를 방문하고, 가뭄 때는 당직자들을 동원해 모내기 현장에 나가 일손을 돕고, 장마 후에는 수해지역을 방문해 수재민들을 위로한다. 때로는 시장이나 공장 등 민생현장을 방문해 국민의 소리를 직접 듣기도 한다.

대체로 현장을 방문한 지도부는 미리 정해진 장소를 둘러보고, 위로나 격려의 말을 전한 다음, 선물과 금일봉을 전달하는 순서로 행사가 진행된다. 그리고 전체 사진을 찍으면 행사는 끝난다.

이같은 행사 때는 대개 그 지역 지구당 위원장을 비롯한 지구당 간부들과 구청장을 비롯한 지역 유지들이 몰려와 북적거린다.

이같은 정당의 행사는 그 당이 소외된 이웃, 불행을 당한 국민과 함께 있는 모습을 보이고, 그 시점에서 어떤 문제에 큰 관심을 가지고 있는지를 국민에게 알리는 이벤트라고 할 수 있다.

당의 모습이 언론을 통해 국민의 눈에 어떻게 비칠 것인가에 초점을 맞춘 행사라고 할 수 있다. 대개의 경우 철저하게 언론을 의식한 행사임은 말할 것도 없다.

대부분의 당직자들이나 기자들은 그것이 언론용 이벤트임을 너무나 잘 알고 있으나, 계속 해 오던 행사임으로 이를 별 생각 없이 당연한 것으로 받아들인다.

그러나 나는 이같은 행사에 당 지도부를 수행해 참여할 때마다 상당 부분이 언론을 의식한 겉치레 행사라는 느낌을 지울 수가 없었다. 언론을 지나치게 의식한 행사가 될 경우 이는 진정성이 결여될 수밖에 없다.

정치에 있어서 전시효과라는 측면을 전혀 배제한다는 것은 현실적으로 어렵겠지만, 정당의 민생 챙기기는 행사 자체로 끝나는 일과성이 되어서는 안 된다는 생각이다. 행사를 이용해 자기 생색내기에 바쁜 구청, 지구당 관계자들을 물리치고 소외된 사람들, 불행을 당한 국민과 진정으로 마음을 나누겠다는 측은지심으로 접근해야 한다.

언론을 의식하지 않고, 진정 섬기는 자세로 그들 앞에 설 때 현장의 기자들과 국민을 감동시킬 수 있을 것이다.

정치인은
왜 언론을 무서워하나

정치인의 활동 중에서 무엇보다도 중요한 일은 지역구민을 비롯한 국민들과의 접촉이다. 대민 접촉을 통해 국민들의 애로사항을 청취해 국정에 반영할 뿐 아니라, 그들에게 좋은 이미지를 심기에 노력한다. 이는 곧 다음 선거에서 당선되느냐 낙선하느냐의 문제와 직결되기 때문이다.

평상시 정치인이 하루종일 지역구를 돌아다닌다 해도 실제 접촉할 수 있는 사람은 수십 명 정도가 고작일 것이다. 하지만 정치인은 언론을 통해 수십만의 국민들과 간접적으로 만나, 자신의 메시지를 전달한다. 그리고 언론이 보도한 정치인의 한 마디는 그대로 그의 이미지를 형성한다.

정치인에게는 언론이야말로 대민 접촉과 이미지 형성에 있어 가장 효율적이고 효과적인 수단인 것이다.

정치인은 국민의 지지를 먹고 산다

정치인의 힘은 결국 국민의 지지로부터 나온다. 선거에서 표를 많이 얻어 일단 당선되지 않으면 정치인으로서 활동 공간이 현격히 줄어든다. 일반 국민이 참여하는 선거든, 당원들이 참여하는 선거든 마찬가지다. 그래서 정치인들은 선거에 당선되는 순간 다음 선거를 생각한다는 말은 지나친 말이 아니다.

유권자의 직접투표로 뽑히는 국회의원은 물론이고 정당 지도자의 경우도 국민의 지지가 없는 사람이 전당대회를 통해 선출될 수 없다. 당원을 대표하는 대의원들은 일반 국민의 의사를 어떤 형태로든 반영하기 때문이다.

당원들에 의해 추대되거나, 혹은 임명권자에 의해 임명이 되는 경우도 마찬가지다. 당을 추스르는 능력 외에 이미지가 좋아 국민의 지지를 끌어낼 수 있는 인물이 선택될 것이기 때문이다.

결국 정치인은 국민의 지지를 먹고 산다. 그런 점에서 정치인은 인기를 먹고 사는 연예인에 비교될 수 있다. 실제로 정치인과 연예인은 어느 직업에 종사하는 사람보다도 언론을 가장 민감하게 의식하는 사람들이다.

언론이 한 정치인을 부정적으로 평가할 경우 그는 치명상을 입을 수 있다. 정치인에 대한 언론보도는 다음 선거의 당락을 가르는 주요 인으로 작용할 수 있고, 심지어 한 사람의 정치생명을 끊기도 한다. 언론은 여론을 좌지우지하는 힘을 갖고 있기 때문이다.

언론은 가히 호의적인 여론과 국민의 지지를 존립의 근거로 삼는 정치인의 생사여탈권을 쥐고 있다고 해도 과언이 아닐 것이다. 이것이 정치인이 언론을 두려워할 수밖에 없는 이유다.

따라서 언론을 무서워하지 않는 정치인은 없다. 게다가 언론과 싸우려는 정치인은 특별한 경우를 제외하고는 찾기 어려울 뿐더러 그렇게 하려면 대단한 용기를 필요로 한다.

'국민의 정부'와 일부 주요 언론과의 관계가 악화된 상태에서 일부 언론사와 사주의 탈세 비리에 대한 최고통치권자의 확고한 의중을 확인하고서도 여당 국회의원들이 가급적 이에 대한 발언을 삼가고, 언론과의 싸움을 피하려는 모습을 보면 정치인들이 언론을 얼마나 무서워하는지를 알 수 있다.

언론에 밉보이기를 원치 않기 때문이다. 언론에 한번 찍히면 두고두고 손해를 본다는 피해의식 때문이다.

정치인들, 언론과 싸움 피해

언론보도로 인해 치명적인 손실을 입거나 명예를 손상당한 경우 언론을 상대로 법적 조치를 강구하는 정치인들이 있긴 하나, 결정적인 사안이 아니면 대개는 억울하더라도 그냥 넘어가기 일쑤다.

기사나 칼럼 등에 의해 피해를 입었다고 생각하는 사람의 반론은 언론에 받아들여지지 않은 채 묵살되기 십상이다. 정당은 편파 보도나 논평으로 이미지에 손상을 입었다고 판단될 경우, 언론사와 협의한 후 대변인 명의의 반론을 보내곤 하나, 거의 대부분 아주 짧게 취급된다. 언론은 한번 보도하거나 주장한 내용을 뒤집거나 수정하지 않으려는 속성을 가진다.

피해를 입은 정치인이 언론중재위원회에 제소해 이긴다하더라도 해당 언론은 언론중재위의 결정한 대로 조치를 취하지 않는 경우가 다반사다. 기사 분량과 제목의 크기 등이 언론중재위에서 결정되나,

실제로는 그대로 지켜지지 않는 것이 현실이다.

이같은 사실을 잘 알고 있는 정치인들은 언론에 의해 억울한 일을 당하더라도 대충 넘어가곤 한다.

즉 정치인들은 언론에 밉보이면 치명상을 입을 수도 있는 반면 언론을 잘 활용하면 큰 혜택을 누릴 수도 있다. 그래서 정치인들은 언론에 대해 어느 정도 피해의식과 경계심을 갖고 있을 뿐 아니라, 언론과 어떻게 하든 좋은 관계를 가지려고 노력한다.

언론과의 관계가 나쁜 정치인이 대중 정치인으로 성장하기는 쉽지 않다. 언론을 잘 활용할 줄 아는 정치인은 그만큼 지도자로 성장할 가능성이 높다.

언론을 활용하는 정치인들은 언론을 통해 국민에게 자신의 메시지를 전달하며 국민들의 가슴속에 자신의 이미지를 각인시킨다. 그들에게 언론은 소신 피력과 해명의 수단이고, 홍보의 도구다. 그들은 언론을 통한 홍보야말로 가장 강력하고 효과적인 홍보임을 아는 사람들이다.

언론의 각광을 받는 정당 대변인은 그만큼 대중 정치인으로 클 가능성이 높고, 그래서 서로 맡고 싶어하는 '정당의 꽃'으로 불린다. 반면 언론과 사이가 나쁜 정치인은 두고두고 손해를 볼 수밖에 없다. 그러니 어떤 정치인이 언론을 두려워하지 않을 것인가.

언론이
여론을 만든다

신문과 방송은 여론을 반영하는가, 아니면 거꾸로 여론을 만드는가. 여론과 언론은 매우 밀접한 관계이며, 서로에게 영향을 미친다. 언론은 여론을 반영할 뿐 아니라 여론을 형성하는 데 큰 영향을 끼치는 것이다.

언론의 고전적 정의 중 하나인 '사회의 거울'이란 말은 사회현상을 있는 그대로 전달할 뿐만 아니라, 이에 대한 국민의 생각을 왜곡하지 않고 정확하게 반영한다는 의미일 것이다.

그러나 여론조사를 실시하지 않는 한 특정 사건에 대한 정확한 여론이 무엇인지를 측정하기란 그렇게 쉬운 일이 아니다. 또 상당한 시간을 필요로 하는 여론조사는 기획성 특집기사에는 매우 유용하지만 속보성을 요하는 기사에는 썩 유효한 수단이 될 수 없다. 네티즌을 상대로 한 인터넷 여론조사가 있으나 이를 전체 집단의 종합적인 여론이라고 보기에는 무리가 있다.

갈수록 사회가 복잡다단해져 가고, 사건들은 점점 더 많이 발생할 수밖에 없는 현실임을 감안한다면, 갈수록 언론은 여론 형성에 큰 영향력을 행사한다고 할 수 있다. 언론은 사실을 있는 그대로 반영한다거나 사건들에 대한 여론을 객관적으로 반영한다기보다는 오히려 여론을 만든다고 보는 것이 옳을 것이다.

언론의 해석 통해서 사건 접해

세상에는 헤아릴 수 없을 만큼의 사건들이 발생하지만 어차피 일반 사람들은 그 사건들을 모조리 체험하기란 불가능하다. 신문, 잡지나 방송을 통해서 사건들을 접하고 세상을 읽는다. 언론이 보도하지 않는 한 아무리 큰 사건도 묻혀버리기 십상이다.

뿐만 아니라 대부분의 사람들은 언론의 보도를 믿는다. 사람들은 '활자의 마력' 때문에 신문에 난 내용을 일단 신뢰하고 받아들인다. 방송의 경우 당사자의 목소리가 가감 없이 전달됨으로써 그 신뢰성은 더욱 높아지게 마련이다.

사람들은 언론을 통해서 사건들을 접할 뿐 아니라 사건의 의미를 받아들인다. 그런데 신문이나 방송의 사건 보도에는 이미 취재 기자와 편집자의 시각이 가미되어 있다.

우선 수없이 많은 사건들을 취사선택하는 데에서 시작해서 어떤 기사를 톱으로 다룰 것인가, 제목의 크기를 어느 정도로 할 것인가, 사건을 어떻게 해석할 것인가 등 보도의 전 과정을 통해 기사 작성자와 편집자의 판단과 주관이 들어가지 않은 것이 없다. 일반인이 접하는 언론 보도에는 언론의 시각과 의미부여가 담겨 있는 것이다.

더욱이 언론사나 편집자의 이해관계가 개입되어 있는 경우 보도가 객관적이기 어렵다는 것은 말할 나위가 없다. 객관 보도를 가장한 자사 이기주의 옹호라든가, 사실을 입맛대로 가공한 왜곡 보도 등은 어렵지 않게 발견할 수 있다.

문제는 대부분의 일반 독자들은 언론이 자기 입장에서 해석한 사건을 받아들일 수밖에 없다는 사실이다. 언론이 의도한다면 얼마든지 사실과 진실이 왜곡되고, 여론이 호도될 수 있는 것이다.

언론 보도 외의 정보에 접근할 수 있는 사람이 얼마나 있을 것이며, 언론의 시각을 뛰어넘어 사건의 핵심과 본질을 파악할 수 있는 독자가 과연 얼마나 있을 것인가. 언론이 현안에 대해 펴는 논리를 제압할 수 있는 독자가 몇 퍼센트나 될 것인가.

일반 독자들은 대체로 언론의 시각을 그대로 받아들인다. 따라서 언론은 여론 형성에 결정적인 영향을 끼친다. 언론의 시각은 결국 독자와 시청자의 시각이 된다. 현실적으로 언론 보도 내용은 바로 국민의 여론이다.

하려고만 한다면 언론은 불공정 편파 왜곡 보도를 통해 얼마든지 여론을 조작할 수도 있다는 말이다. 따라서 공기公器로서의 언론은 공정성과 사실 보도가 그 생명이다. 기자와 편집자 역시 양심, 균형감각, 역사 기록자로서의 사명감에 충실해야 할 이유가 여기에 있다.

언론은 정치를 재단한다

특히 정치현상에 대한 언론의 해석과 보도는 가히 일반 독자의 판단에 결정적인 영향을 끼친다. 언론은 전권을 가지고 정치를 재단한다고 해도 과언이 아니다.

정치는 본질적으로 주관적 요소가 강하고, 그래서 정치학은 사회

과학 중에서도 대표적인 '소프트 사이언스'에 속한다. 앞서 나는 정치가 '언어로 규정된 현상'이라고 했는데, 정치적 사건들은 신문과 방송의 언어를 통해 정치 현상으로 규정되어, 독자와 시청자들에게 전달된다.

따라서 정치 현상은 어떤 시각에서 보느냐에 따라 이렇게도 저렇게도 해석이 가능한 경우가 많다. 정치에 대한 여론은 언론의 시각에 의해 절대적으로 영향을 받는다. 다른 분야도 마찬가지지만 특히 정치의 경우 언론의 해석이 곧 여론이라고 해도 지나친 말이 아닐 것이다.

기자의 보는 눈에 따라 한 정당이나 정파에 유리하거나 불리한 여론이 형성될 수 있다. 나쁘게 말하면 언론은 얼마든지 정치에 관한 여론을 호도할 수 있는 힘을 가지고 있다. 특별한 경우를 제외하곤 불공정 왜곡보도가 그렇게 심하지 않다면 그것은 기자들의 양식과 균형감각, 도덕성 때문일 것이다.

언론은 바로 여론을 만든다. 특히 정치에 관한 여론은 언론에 의해 좌지우지된다. 이것이 정당과 정치인들이 언론의 눈치를 볼 수밖에 없는 이유다.

정치인의
실상과 허상

정치인들은 자신의 독특한 이미지를 대중 속에 심기 위해 나름대로 많은 노력을 기울인다. 그들이 자신의 이미지 메이킹과 관련해 최우선적으로 신경을 쓰는 것은 역시 언론이다.

신문과 방송에 자신의 발언이 어떻게 인용되는가, 혹은 어떤 모습의 사진이 나오는가에 큰 관심을 기울인다. 언론이 묘사하는 정치인의 모습이 그대로 국민들에게 투영될 것이기 때문이다.

그래서 적지 않은 정치인들이 헤어 스타일과 옷차림에 신경을 쓰면서 인상적인 이미지를 만들어 내기에 은연중 노력한다. 줄무늬 와이셔츠, 바바리 코트, 붉은 색 계통의 넥타이 등을 각각 즐겨 입는 정치인들이 있는 데, 이는 나름대로 자신의 개성 있는 이미지를 연출하려는 노력의 일환이다.

경제 전문가는 아닐지라도 경제를 아는 정치인이라는 인상을 심기 위해 노력하는 정치인들이 많은 데, 이는 일반 국민의 최대 관심은 대

체로 얼마나 잘 먹고 잘 살고, 자녀를 잘 교육시키느냐는 경제적 측면
에 쏠려 있기 때문이다.

인기 있는 경제 전문가 이미지

이같은 이미지 구축을 위해 그들은 대학교수 등 경제 전문가들로부터
과외와 자문을 받는다는 사실을 언론에 흘리기도 하고, 경제관련 토론
모임을 만들어 공부하는 모습을 보이기도 하고, 그 분야의 세계적인 석
학과 대담을 해서 경제적 식견이 있음을 국민들에게 알리기에 노력한다.

시대를 앞서가는 정치인으로서의 이미지를 심기 위해 정치인들은
디지털, IT 등 정보통신 분야에 일가견이 있는 것처럼 스스로를 홍보
하기에 노력하기도 한다. 이를 위해 미국 캘리포니아 주의 실리콘 밸
리를 방문하고, 그 분야 전문가들을 많이 만난다.

이처럼 경제와 정보통신에 일가견을 가지려면 그 분야에 대해 집중
적으로 공부하고, 지속적으로 관심을 가짐으로써 그 분야 발전의 흐
름을 따라잡아야 함은 물론이다. 전공 분야를 심도 있게 연구함으로
써 자신의 이미지와 연결시키려는 정치인들의 시도는 바람직하다고
할 것이다.

지금 우리 국회에는 비교적 많은 개혁성향의 정치인들이 들어가 있
다. 그들은 물론 선거 때 자신의 개혁성을 상품으로 내걸고 유권자들
의 지지를 얻어 당선된 사람들이다. 그들은 대개 국회 입법활동과 당
내 활동을 통해 개혁적 입장을 취함으로써 자신의 개혁 이미지를 부
각시킨다. 그들은 가끔 당론에 반하는 소신을 밝히기도 하고 경직된
당 의사결정 구조에 반기를 들기도 한다.

경직되고 부조리한 정치 현실과 제도를 바꾸려는 열의와 일관성,

당론에 구애받지 않는 소신이 개혁성향 정치인들의 특징이라고 한다면, 이는 우리 정치에 있어서 권장할 만한 방향임에 틀림없다. 후진성을 면치 못하고 있는 우리 정치를 바꿔야 한다는 것은 국민적 여망이기 때문이다.

비교적 나이가 든 정치인 중에는 젊은이들과 어울리는 시간을 많이 가짐으로써 자신이 비록 나이는 들었으나 늙지는 않았다는 사실을 알리기에 노력한다. 그들은 대학생을 대상으로 한 강연, 대학생들이 주최하는 행사 참여, 젊은이들이 참여하는 이벤트 만들기 등에 중점을 둠으로써 젊은이들과 호흡을 같이하고, 젊은 감각을 가지고 있음을 은근히 부각시키기도 한다.

특히 선거 때 정치인들은 자신의 특화된 이미지를 만들어 내기 위해 전력을 다한다. 특정 분야에서 누구의 추종도 불허하는 제1인자인 것처럼 자신의 실력과 경력, 전문성을 강조함으로써 상품성 있는 이미지를 창출하기 위해 심혈을 기울인다. 성공적인 이미지를 창출하느냐, 못하느냐는 곧바로 표와 연결되고, 당락을 가를 것이기 때문이다.

세계적인 지도자들 역시 대중에게 자신을 어필하게 하는 독특한 상징을 사용했다. 처칠의 시가와 승리를 뜻하는 'V' 사인, 루스벨트의 모자와 담배 파이프, 히틀러와 스탈린의 콧수염 등이 그것이다. 정치인은 아니지만 자신의 이미지 관리에 적잖이 신경을 썼던 맥아더 장군은 필리핀에서 선물로 받았다는 모자와 선글라스, 파이프로 자신의 대중적 이미지를 돋보이게 했다.

지도자의 독특한 상징적 제스처는 국가적 위기 때 불안한 국민에게 일체감을 심어 주고, 그들에게 힘과 용기를 불어넣는 역할을 한다. 제2차 세계대전 때 독일군의 침략으로 불안에 떨던 영국인들은 처칠이

자신만만한 표정으로 시가를 문 채 두 손가락으로 만드는 'V'(승리)
사인을 보고 안도감을 느끼면서, 다시금 투지를 다지곤 했다.

불구의 루스벨트가 함박웃음 띤 얼굴로 파이프 담배를 피우는 모습
을 보면서 미국 국민들은 마음 든든함을 느꼈고, 승리에의 자신감을
가질 수 있었다. 히틀러와 스탈린의 콧수염은 강인한 인상을 풍긴다.

정치인들은 흔히 자신의 이미지를 역사상 유명 정치인과 연결시키
려고 시도한다. 그들이 자신의 이미지와 일체화시키려는 정치인들이
사람들로부터 존경받을 뿐 아니라 인기 있는 정치인들임은 말할 것도
없다. 정치인들이 닮고 싶어하는 대상으로는 링컨, 케네디, 박정희,
토니 블레어 등이 오르내린다.

정치인들에게 역사상 유명 정치인들의 성실성, 정치 철학과 비전,
애국심, 국민에 대한 헌신을 본받으려는 노력은 아무리 강조해도 지
나치지 않을 것이다. 문제는 그들의 사상이나 헌신성, 인격을 본받으
려는 것이 아니라 단지 용모나 외양적으로 비슷한 부분을 강조함으로
써 그들을 연상하게 끔 노력하는 것은 어쩐지 위선적이고 본말이 전
도됐다는 생각이 든다.

TV 토론은 허상 걸러내는 장치

정치인들의 벤치 마킹 대상은 링컨의 신념과 성실한 인격, 케네디
의 비전과 용기, 박정희의 추진력, 토니 블레어의 참신한 발상과 개혁
의지이어야지 그들의 외양이 아니다.

정치인의 이미지는 언론에 의해 만들어진 허상인 경우도 적지 않다.

무식하기로 자주 인구에 회자되던 한 대통령이 재임 시절 휴가를
떠나는 데 정약용의 『목민심서』와 칸트의 『순수이성비판』을 챙겨 갔

다는 보도는 그가 어려운 책을 소화해 낼 정도로 지적 능력이 모자라지 않으며, 휴가 때도 쉴새없이 나라와 국민을 생각한다는 인상을 갖도록 하는 언론 플레이였음은 말할 것도 없다.

또 저돌적이고 용감하긴 하나 지식이 부족하다는 평을 받아온 한 정치인은 그가 실세였던 때 영어로 씌어진 원서를 보고 있는 사진을 언론사에 배포해 그를 아는 사람들로 하여금 실소를 금치 못하게 했다. 이 역시 무식을 위장하기 위한 연출이다.

그러나 이같은 정치인들의 허상은 TV 토론을 통해 여지없이 깨지기 마련이다. TV 토론 과정을 통해 한 정치인의 실력과 인품, 그리고 사고방식 등이 낱낱이 까발려지기 때문이다. 한 정당의 대통령 후보 경선에 참여했던 한 사람은 처음에는 화려한 경력과 참신성으로 경쟁력을 인정받았다. 그러나 몇 번의 텔레비전 토론을 거치면서 그는 과대포장되어 있었음이 백일하에 드러났다.

텔레비전 토론은 정치인 자질을 검증하는 데 더할 나위 없이 좋은 수단인 것이다.

정치인은 자신의 강점을 극대화함으로써 이미지를 만들어 나간다. 중요한 것은 자신의 정체성이며, 위선, 거짓, 과대포장이 아니라 정직성에 바탕을 두어야 한다는 것이다.

그리고 국민들은 미국 정치학자 해럴드 라스웰의 말을 상기할 필요가 있다. "정치적 인간은 개인적 동기를 공적 목적으로 전환하며 그것을 공공의 이익이라는 미명하에 합리화한다."

미디어
정치 시대

　　　현대 정치는 미디어 정치라 해도 과언이 아니다. 고대 그리스의 직접 민주주의는 물리적으로 협소한 도시 국가였기 때문에 가능했다. 로마의 정치도 마찬가지였다. 정치인들은 원로원 등에서 자기가 뜻하는 방향으로 결론이 나도록 육성으로 자신의 의사를 직접 전달함으로써 모인 사람들의 마음을 움직이기에 노력했다.

　지금 정치에서도 일대 일의 대민 접촉과 대중집회는 여전히 중요한 부분을 차지한다. 그러나 그보다 훨씬 중요한 것은 미디어를 통한 이미지 메이킹과 대중 설득이다. 옛날과는 비교가 되지 않을 정도로 대중의 규모가 커졌기 때문이다.

　그 중에서도 특히 보급률 거의 100%인 텔레비전의 정치적 영향력은 가히 위력적이다. 우선 정치 뉴스를 얻는 수단으로서 라디오나 혹은 신문, 잡지 등에 비해 텔레비전이 단연 우세하다. 뿐만 아니라 조사 결과에 따르면 뉴스의 신뢰도와 관련해 텔레비전을 신뢰한다는 사람은 신문을 신뢰한다는 사람 수의 두 배 이상을 차지한다.

급증하는 대중매체 광고비

TV 토론이 있었기 때문에 대통령이 된 사람이 있는가 하면, TV 토론이 없었기 때문에 대통령이 된 사람도 있다. 케네디는 닉슨과의 그 유명한 TV 토론에서 미국 국민들에게 깊은 인상을 심어 대통령 선거에서 간신히 닉슨을 누를 수 있었다. 김대중 대통령도 97년 대선에서 TV 토론의 덕을 톡톡히 본 경우에 속한다.

반면 TV 토론을 했더라면 대통령에 당선되기 어려웠을 사람도 있다. TV 토론에서 상대에 비해 현격한 열세임을 잘 아는 한 여당 후보는 TV 토론에 결사 반대하는 자신의 뜻을 관철시켜 대통령 선거에서 승리할 수 있었다.

TV 토론은 후보자들의 언변은 물론 그들의 지식, 자질, 경륜, 그리고 인격까지 적나라하게 드러나게 한다. 그래서 후보들은 TV 토론을 철저하게 준비할 뿐 아니라, 정책에 대해 집중적으로 공부하고, 말실수를 하지 않도록 조심한다.

선거 과정의 매체 의존도는 갈수록 높아져 미디어 선거로 변화하고 있고, 모든 선거에서 광고, 홍보의 중요성에 대한 인식도 높아지고 있는 추세인 것이다. 무엇보다도 선거 비용에서 광고비 지출이 급격히 늘어나고 있다.

미국의 경우 각종 선거에 출마하는 후보자들은 대중매체에 의한 정치광고가 선거의 승패를 좌우한다는 인식을 가지고, 여기에 선거운동 예산의 대부분을 할애하고 있다

특히 TV의 엄청난 위력을 실감한 후 텔레폴리틱스Tele-politics라는

새로운 용어가 생겨나기까지 했다. 미국 대통령 선거의 경우 총 정치광고 비용의 3분의 2정도가 TV 매체 요금으로 지출된다. 여기에 광고 제작비와 광고 자문비, 조사비 등을 합치면 그 비용은 훨씬 더 불어난다.

우리 나라의 경우도 마찬가지여서 97년 대통령 선거는 TV와 신문이 주도한 미디어 선거였다고 볼 수 있다. 과거의 대규모 청중동원과 유세 등의 선거운동 대신 방송과 신문을 통한 후보자들의 토론, 연설, 그리고 정치광고가 선거를 주도했기 때문이다.

과거의 대중 동원식 선거에서 미디어 선거로 선거운동의 패러다임이 바뀐 가운데 국민회의는 경쟁력 있는 후보와 경쟁력 있는 홍보전략을 내세워 미디어 선거를 승리로 이끌었다.

당락 좌우하는 TV 토론

이처럼 정치인을 상품화하고 광고의 대상으로 인식하는 행태는 특히 미국에서 발달했는데, 이는 미국에서는 각종 선거들이 정기적으로 치러지고 자본주의 경제 양식이 발달했기 때문이다.

텔레비전 정치광고가 미국 대통령 선거에서 전국적으로 사용된 것은 1952년 수상기 보급률이 45%로 확대된 아이젠하워 선거전 때부터였다. 1951년 미국의 텔레비전 방송사들이 정치광고를 받기로 선언한 이후 1952년 아이젠하워가 처음으로 텔레비전에 '아이크를 대통령으로'란 광고를 시작했다. 그후 1960년 케네디와 닉슨의 텔레비전 토론 때부터 텔레비전이 미국 대통령 선거전에 본격적으로 활용되었다.

오늘날 미국 선거에서 정치광고는 입후보자들로 하여금 자신에게 유리한 여론을 조성할 수 있도록 하는 유일한 무기인 동시에 당락을 좌우하는 결정적인 요소로 작용하고 있다.

우리 나라도 예외는 아니다. 그러나 우리 나라의 경우 대중매체를 사용한 정치광고 캠페인의 역사는 선진국에 비해 일천하다. 우리 선거법상 지금껏 대통령 선거에서만 대중매체를 통한 정치광고를 허용하였고, 여타 다른 선거에서는 대중매체를 통한 정치광고를 철저히 통제했다. 대중매체를 통한 광고 또한 제14, 15대 대통령 선거를 제외하고는 신문광고가 전부였다.

인쇄매체를 통한 광고는 1987년 제13대 대통령 선거 때부터 본격적으로 시행되었다. 즉 16년 만에 대통령 직선제가 부활됨으로써 정치광고 시대의 본격적인 막이 오르게 된 것이다. 이때부터 직업적인 정치광고 전문가들과 광고회사의 선거 참여 시대가 열렸다.

1992년 제14대 대통령 선거에서는 인쇄매체를 통한 광고가 더욱 활성화되었을 뿐 아니라 TV 광고가 처음으로 등장했다. 1997년 제15대 대통령 선거에서는 방송매체가 더욱 활기를 띠었고, 특히 TV가 위력을 과시했다는 점에서 우리 정치사에 하나의 획을 그었다고 할 만하다. 이때 정치광고에 나타난 가장 큰 특징은 방송매체를 활용할 기회가 대폭 확대되었다는 점이다.

세계 최강의
한국 언론

정부와 신문이 싸우면 누가 이길까. 신문이 정부의 상대가 되지 않을 것으로 생각하는 사람이 아직도 많을지 모른다. 그러나 그것은 한참 잘못된 생각이다. 이는 지난날 권위주의 정권 하에서 언론이 정부에 의해 통제되었을 때의 고정관념으로 보는 시각일 듯싶다.

권위주의 정권 하의 우리 언론은 정보기관, 국세청을 활용한 정부에 의해 철저하게 통제, 장악되었다 해도 과언이 아니다. 3공 말기 이른바 '동아투위'와 '조선투위' 등의 눈부신 활동이 있었으나, 결과적으로 언론자유 수호를 위한 투혼을 일시적으로 과시했을 뿐 얼마가지 못해 해당 신문사는 정부의 뜻을 받아들일 수밖에 없었다.

지금은 어떤가. 정부에겐 언론을 통제할 수 있는 수단이 거의 없다. 민주화의 흐름에 발맞춰 언론의 자유는 그만큼 신장되었고, 그에 따라 언론에 간섭할 수 있는 정부의 수단도 차츰 무력화했다.

반면 언론의 힘은 그만큼 커졌다. 여건이 변화함에 따라 언론은 정부에 엄청난 타격을 입힐 수 있는 힘을 가지게 되었다.

국민의 정부에서 언론자유 크게 향상

「국민의 정부」들어, 정부와 일부 신문의 대결은 과거 정부와 언론의 싸움과는 사뭇 다른 양상으로 전개되었음을 알 수 있다. 언론사 세무조사를 실시한 정부와 이에 대해 극렬하게 반발한 일부 신문은 돌이킬 수 없는 관계가 되었다. 결국 사주가 구속됨으로 사안은 마무리되었으나 이 싸움에서 정부가 이겼다고 보는 사람은 그리 많지 않을 것이다.

언론사에 대한 세무조사는 조세 정의 확립과 언론개혁에 대한 최고 지도자의 단호한 의지가 있었기에 가능한 일이었다.

정부와 일부 신문의 싸움은 여론을 자기 편으로 끌어들이려는 경쟁이었다고 할 수 있다. 사람들의 생각과 판단은 구독하는 신문에 의해 절대적인 영향을 받는다해도 과언이 아니다. 사람들은 신문을 보고 이 사안에 대한 정보를 얻을 뿐 아니라 이를 해석하고 평가한다. 그런데 신문이 싸움의 당사자다. 싸움 당사자의 해석과 평가를 대부분의 독자들은 그대로 수용한다. 독자들이 사안의 실체를 객관적으로 파악하는 데 한계가 있을 수밖에 없는 것이다.

더욱이 관련 신문들은 철저하게 자사 이기주의에 입각해 이 사안을 신문의 상품성을 높이는 데 활용하기 마련이다. 권력에 의해 탄압받는 인상을 심어 독자들을 결집시키고 부수를 늘리기에 총력을 기울인다. 따라서 정부와 언론이 대결하면 정부가 이길 것이라는 판단은 매우 막연하고 부적절한 것이다.

한 주요 신문의 간부는 편집국장에 취임한 후 '우리 신문의 힘은 이미 정부 권력을 능가한다'고 호언했다고 한다. 나는 그의 말이 오만일 수 있으나 허풍은 아니라고 생각한다. 충분히 일리 있는 말이다. 그 힘의 크기를 계량화해 측정할 수는 없는 노릇이나 한국 언론은 가히 세계 최강이라고 나는 믿는다.

한 나라의 언론은 그 나라 정치문화의 연장이다. 선진 자유국, 공산국, 개발도상국, 후진국 혹은 민주주의 국가, 권위주의 독재 국가 등 모든 나라는 각각 다른 형태의 언론을 가진다. 미국 언론이 대통령을 권좌에서 끌어내릴 수 있었던 것은 미국의 정치문화가 언론에 그만한 자유와 힘을 부여했기 때문이다.

우리 나라의 경우는 어떤가. 나는 우리 언론의 힘이 미국 언론이 누리는 자유와 힘에 절대 못지 않다고 믿는다.

미국 인권단체인 프리덤 하우스는 '2001년 세계 언론자유도 보고서'에서 한국은 자유국가군, 부분적 자유국가군, 비자유국가군 중 자유국가군, 그 중에서 프랑스, 일본, 영국, 이태리와 함께 'FREE Ⅱ'에 속한다고 분류했다. 언론이 보다 큰 자유를 누리는 'FREE Ⅰ'에는 미국, 독일, 캐나다, 벨기에, 네덜란드, 스웨덴, 뉴질랜드 등이 속했다.

현재 우리 언론은 과도기

그러나 나는 우리 언론이 현실적으로 세계에서 가장 강하다고 생각한다. 언론자유는 민주화의 척도라고 볼 때, 한국이 미국보다 민주화 정도가 앞섰기 때문이 아니다. 현재 우리 나라 언론은 과도기에 있다고 보기 때문이다.

왜 과도기인가. 과거 정치적 자유를 누리지 못했던 권위주의 시절 우리 언론은 권력에 의해 통제 당했고, 언론자유 또한 속박 당했다. 민주화 과정이 진행되면서 오랫동안 억압당했던 노동계 등 각 분야의 힘이 폭발적으로 분출하면서 사회질서를 위협하기에 이르렀다.

이와 함께 언론도 노태우 6공과 YS 문민정부를 거치면서 권위주의 시절 길들여진 속성을 서서히 털어 버리고, '국민의 정부'에서 훨씬 향상된 언론의 자유를 누리게 되었다.

현재 우리 언론은 엄청난 힘을 가지고 있으나 거의 견제당하지 않는다. 따라서 어떤 문제를 어떻게 다룰 것인가가 언론의 양식에만 맡겨진 실정이다.

우리 언론은 언론의 자유는 충분히 누리고 있으나 사회적 책임에 대한 의식은 아직 미약하다. 선진국의 경우 잘못 보도한 언론사는 관련된 일반인에게 즉각 제소 당하기 일쑤여서 민감한 문제를 다룰 때는 강도 높은 내부 토론을 거친다. 또한 담당 변호사로부터 법적으로 저촉되지 않는지에 관해 철저하게 자문을 받는다.

97년 시사주간지 〈타임〉은 클린턴과 르윈스키의 스캔들을 특종 보도할 때 특종을 날려 버릴 위험을 무릅쓰고 1주일 늦게 보도했다. 사실을 검증하는 데 시간이 필요했기 때문이다. 이는 미국 언론이 얼마나 사실 보도에 충실하려고 노력하는 지를 잘 설명해 준다.

유감스럽게도 우리 언론의 경우 그렇지 못한 듯하다. 한 취재원으로부터 그럴듯한 말을 들으면 다각도로 확인하는 과정을 거치지 않고 기사화해 오보하는 경우가 많다. 일반 국민들은 언론의 보도에 의해 피해를 입었다 한들 감히 막강한 언론사를 상대로 소를 제기할 엄두를 내지 못한다. 우리 나라 독자는 아직 그만큼 약하다.

정치, 사회적 환경과 제도, 일반 국민의 대언론관, 또 언론의 책임

의식 등을 감안할 때 우리 언론은 분명 과도기에 처해 있다. 선진국의 언론도 현재 우리가 겪고 있는 과도기 단계를 거치면서 사회적 책임 의식을 강화해 갔을 것이다. 우리 사회와 언론도 과도기를 벗어나 점차 성숙한 단계로 나아갈 것으로 믿는다. 과도기의 현재 한국 언론은 세계 최강이다.

후진국 언론,
선진국 언론

1999년 4월 독일의 작은 도시 굼머스바흐에서 「언론과 정보의 자유」라는 주제로 나우만 재단이 주최하는 세미나가 열렸다. 세미나 참석자들은 지역별로 4개의 그룹으로 나뉘어 각 나라의 언론 실상을 발표했고, 다시 그룹 대표가 전체 참석자 앞에서 그 결과를 지역별로 보고하는 시간을 가졌다.

아시아, 동유럽, 아프리카, 라틴 아메리카에 있는 대부분 나라들은 언론자유를 누리지 못하고 있었다. 대중 매체들은 정부에 의해 통제당하고, 언론인들은 경찰이나 다른 정부 기관들에 의해 협박당하기 일쑤였다. 마치 우리의 과거 언론 실상을 보는 듯한 착각이 들 정도였다.

아시아의 한 나라에서 온 언론인은 자기 나라의 촌지 관행을 털어놓으며, 프로 근성이 부족한 기자들의 자세와 함께 돈으로 기자들을 매수하려는 부패한 사회 풍토를 개탄했다.

다른 나라에서 온 한 언론인은 자기네 언론은 여당 편과 야당 편으로 갈라져 양극화되어 있음을 보고했다. 한 언론인은 자국 언론 매체들은 이른바 자체 검열로 말미암아 언론자유를 스스로 제약시키고 있다고 실토했다. 한 사람은 자국 언론 매체의 경제적 위기상태를 심각하게 받아들이고 있었다.

개인 인권 침해 비일비재

과도기에 있는 몇몇 나라에서는 언론 매체들이 자유를 누리고는 있었으나 개인 인권이 침해당하는 경우가 비일비재했다. 지역별 보고 시간에 내가 속했던 그룹의 대표는 아시아 각국에서 점점 악화되고 있는 언론 상황을 설명하면서 '한국을 제외하고'란 말을 자주 사용했다.

세미나 프로그램 중에는「호주의 언론 재벌 루퍼트 머독을 어떻게 볼 것인가」라는 내용이 들어 있었다. 머독은 호주 언론의 70%, 영국 언론의 3분의 1을 장악하고, 미국에서도 폭스 TV와 20세기 폭스사라는 영화사를 가진 '언론 황제'다. 우선 비디오를 통해 머독의 독재적인 경영 방식, 편집권 개입 행위, 선정주의 추구, 언론 영향력을 이용한 정치 개입 사례 등을 보여준 후 참석자들로 하여금 그를 평가하도록 하는 것이었다.

여러 가지 재미있는 견해들이 나왔다. 머독에 관한 문제점으로는 언론 집중, 저속한 수준의 황색 저널리즘, 선정주의, 인종주의, 직접적인 정치 개입, 도덕성 결핍, 여론 조작, 편집권 개입, 부패 등이 지적되었다.

반면 "머독은 자본주의 사회에서 비즈니스맨이다. 큰 고기가 작은 고기를 잡아먹는 것은 자연스러운 일이다. 그를 좋은 사람이냐, 아니면 나쁜 사람이냐로 구분하는 것은 의미가 없다"는 취지의 견해들도 나왔다.

나는 우선 머독을 '엄청난 정열의 사나이' '언론 독재자이자 제국주의자' '철저한 상업주의자'로 규정하고, 그가 정열은 강하되 철학이 빈곤하고, 언론자유나 도덕성보다는 철저하게 권력을 추구한 사람이라는 의견을 내 놓았다.

독일 언론의 실상은 어떤가. 로버트 하스 박사의 말을 들어보자. 그에 따르면 바이마르 공화국 때인 1871년부터 언론자유가 보장되었고, 1949년 언론자유를 강화하는 것을 내용으로 한 기본법이 만들어졌다. 그러나 언론자유는 정부기관, 경찰, 혹은 법원에 의해 수시로 침해당하곤 했다.

그러던 중 언론이 국가이익을 내세우는 정부와 충돌하는 사건이 발생한다. 유력한 정치 뉴스잡지인 〈슈피겔〉은 독일 정부가 외국에서 무기를 구입하는 데 관련자들이 뇌물을 수수하고 있다는 내용을 보도했다. 또 수뢰 관련자들은 국방장관의 친구들이며, 국방장관 자신까지도 이 부정에 관련이 있다고 주장했다.

독일 언론자유의 전환점

국방장관의 주도하에 경찰은 이 잡지의 편집 책임자들을 '국사범' 죄목으로 구속했다. 그러나 연방법원은 이 사건에 대해 재판하기를 거부했다. 정부의 불법행위를 폭로하는 것은 언론의 의무이며, 이같은 불법행위를 은폐할 비밀권이란 있을 수 없다는 것이었다.

편집진들은 곧 석방되었을 뿐 아니라 구금에 대한 보상까지 받았고, 강력한 차기 수상 후보였던 국방장관은 사임해야 했다. 이 사건은 독일의 언론자유를 신장시킨 하나의 이정표가 될 만한 것이었다.

요즘 독일에서 신문이나 잡지를 창간하고자 하는 사람이면 어느 누구도 시장市場 이외에 무엇으로부터도 제약을 받지 않는다. 언론자유에 대한 제한이 있다면 청소년과 개인 명예 보호와 관련한 법조항뿐이다.

하스 박사는 지금 독일 신문사업은 집중화 현상이 뚜렷하게 나타나고 있다고 말했다. 언론 집중화가 진행되고 있는 가운데 굼머스바흐에서 발간되는 〈폴크 자이퉁〉Volk Zeitung이란 작은 신문의 생존전략은 매우 흥미롭다. 이 신문의 편집국장 올리버 클뢰 씨에 따르면 〈폴크 자이퉁〉은 1946년에 창간되어 오늘에 이르고 있는 데, 하루에 3,200부를 발행한다.

직원 수는 모두 9명에 불과하고, 나머지는 엄선한 프리랜서를 활용하는 데 적을 때는 20명에서 많을 때는 40명까지 둔다. 직원들은 환경, 문화, 음악 등 전공분야를 가지고 있고, 프리랜서는 대개 선생이거나 가정주부들이다.

클뢰 씨는 이 신문의 편집과 제작 관련 일들이 매우 자유롭고 독립적으로 이뤄지는 데, 그 지역 뉴스를 특화하는 데 중점을 두고 있다고 말했다. 다른 분야는 프리랜서들로부터 지원을 받는다. 그는 이 신문은 섹스 기사를 다루지 않는다고 말했다.

수지가 맞느냐고 묻자, 그는 "봉급이 얼마냐가 문제인데, 아직까지 그 봉급으로 살고 있다"고 대답했다. 그는 "항상 신문의 존립 문제를 걱정하지 않을 수 없으며, 따라서 기사보다도 광고를 우선해 지면을 편집한다"고 말했다.

세미나 참석자들과 함께 견학한 〈독일의 목소리〉(Deutsche Welle, 이하 DW) 방송국 역시 매우 인상적이었다. 쾰른 소재의 이 방송국은 독일 연방정부가 운영하는데 무려 35개 언어로 아시아, 아프리카, 라틴 아메리카, 동유럽 지역에 전파를 내보낸다. 본토 말을 할 줄 아는 사람들을 직원으로 고용하는 〈DW〉는 세계 각국에 50여 명의 특파원을 두고 있다.

외국어 프로그램 담당 부주필인 디트리히 슐레겔씨는 이 방송이 연방정부으로부터 재정을 지원받고 있으나 독립적인 지위를 보장받고 있다고 말했다. 예를 들어 발칸 전쟁에 대해 보도할 때 정부로부터 어떤 지시도 받지 않는다는 것이었다.

나는 그에게 〈DW〉가 독일 통일에 어떤 역할을 했다고 생각하느냐고 물었다. 그는 동독이 붕괴한 1989년까지는 〈DW〉가 이런 목적의 어떤 구체적인 프로그램도 가지고 있지 않았다고 대답했다.

제2차 세계대전 이후 〈DW〉가 한 일은 정치발전의 가치와 민주주의 훈련을 강조하는 계몽 프로그램 방영이 전부였다는 것이다. 그러나 나는 〈DW〉가 실제로는 장기간의 계몽 프로그램을 통해 독일 통일에 크게 기여했을 것으로 믿는다.

언론 자유의
그늘

민주주의와 언론자유는 한 동전의 양면으로, 한 나라의 언론자유는 그 나라 민주화의 척도임을 부인하는 사람은 없을 것이다. 그러면 언론자유는 무조건 좋은 것인가. 언론자유의 부정적인 측면은 무엇일까.

나우만 재단 주최 세미나에서 로버트 하스 박사의 강의 중 이에 관한 토론이 있었다. 강의 제목은 '인터넷을 통한 정치 자유화'였는데, 그 요지는 인터넷의 발달은 정치적 자유와 인권 신장에 크게 기여했다는 내용이었다.

나는 인터넷이 정치적 자유를 신장시키는 데 기여한다는 주장에 전적으로 동의한다. 박정희의 유신독재 시절, 혹은 5공의 폭압정권 하에서 우리 언론은 철저하게 정부에 의해 통제되었을 뿐 아니라, 일반인들은 정부에 비판적인 외신기사조차 접할 수 없었다.

〈타임〉 같은 권위 있는 잡지에 한국 정부나 대통령에 대해 비판적인 기사가 조금이라도 실릴 경우, 그 기사는 어김없이 검정색 매직펜으로 지워진 상태로 서점 판매대에 올려지거나, 아예 그 페이지가 찢긴 채 구독자들에게 배포되곤 했다.

그러나 인터넷 시대에 들어선 지금은 정치 후진국에서도 그런 행위가 통하지 않는다. 그같은 행위는 마치 무엇엔가 쫓기던 닭이 다급한 김에 구멍을 찾아 자기 머리를 처박은 후 자신의 몸을 숨겼다고 착각하는 우스꽝스러움이 될 것이다. 아무나 인터넷에 들어가면 얼마든지 외국 신문과 잡지의 원문을 접할 수 있기 때문이다.

언론인은 비판당하는 것 참지 못해

그렇다면 인터넷의 발달은 정부에 불리한 정보에 대한 통제를 무력화시킴으로써 일반 국민으로 하여금 뉴스와 정보에의 접근을 용이하게 만들었다. 이는 곧 인터넷의 발달이 정치적 자유 확대에 기여한다는 말과 같다.

인권 신장 역시 정치적 자유 확대와 밀접한 관계가 있을 것임으로, 인터넷의 발달은 인권 신장과도 직결된다고 주장할 만하다.

그러나 반드시 그런가. 나는 강의가 끝날 때쯤 한 사례를 들어 반론을 제기했다. 나의 반론 요지는 이랬다.

"인터넷이 정치적 자유 확대에 기여했음을 충분히 인정한다. 그러나 인터넷이 인권 신장에 항상 도움이 된다고 생각하지 않는다. 어떤 때는 개인 인권을 침해하는 역할을 하기도 한다."

나는 이른바 'O양 비디오 사건'을 예로 들었다. "한국에서 유명한 한 텔레비전 탤런트에 관한 이야기다. 수년 전 그녀가 남자 친구와 성관계를 하는 장면이 비디오로 촬영되어 최근 인터넷에 올려졌는

데, 500만이 넘는 사람이 비디오나 인터넷을 통해 이것을 본 것으로 보도되고 있다. 한국 언론은 이를 'O양 신드롬'으로 부른다. 이렇게 빨리 여러 사람에게 전파된 것은 인터넷이 없이는 상상할 수 없는 일이다. 그녀는 '사이버 테러'를 당한 것이다. 그녀는 인터넷 시대의 희생자다."

이 경우 인터넷은 인권 신장에 기여했다기보다는 오히려 개인의 인권을 침해하는 데 큰 역할을 했다는 것이 내 주장이었다. 대부분의 참석자들은 고개를 끄덕였고, 하스 박사 역시 인터넷 부작용의 좋은 사례로서 큰 참고가 되었다고 말했다.

하스 박사는 다른 강의에서 언론자유의 부정적인 측면에 대해 말했다. 그에 따르면 언론자유의 개념은 의견의 자유로운 표현과 정보의 확산을 억압하는 독재를 경험할 때 더욱 강조된다. 그때에는 정권은 나쁜 것이고, 언론은 사악한 정치인들을 견제하는 역할을 함으로 좋은 것으로 확연하게 구분된다.

그러나 이론과는 달리 실제 생활에서는 좋은 것, 혹은 나쁜 것으로 단순하게 분류할 수 없는 경우가 많다. 하스 박사의 설명은 계속 된다. 언론인의 의무는 '불편한 진실'을 폭로하고 사회의 감시자가 되는 것이다. 그들은 비판자들이다. 그러나 그들은 자신이 비판당하는 것을 참지 못하는 사람들이다. 그들은 스스로도 따라갈 수 없는 도덕적 기준을 주장하기 일쑤다.

그는 미국 언론에 대한 일반적인 견해를 인용했다. 명백하게 선정적인 보도가 점점 중요해지고 있고, 스캔들 폭로가 하나의 유행처럼 번지고 있다. 이른바 심층보도는 마치 '성스러운 탐사'를 하는 양하면서 사냥할 마녀들에게는 그들의 입장을 말할 기회조차 허락지 않는

다. 언론은 천박하고, 냉소적이며, 때로는 악의적인 태도를 취하기도
한다.

언론자유는 '마비 효과' 수반

언론인들이 점차 연예인이 되어 가고, 보도에 있어서 엄격성을 잃
어 가고 있다. 뉴스의 내용보다도 뉴스를 어떻게 포장하느냐가 중시
된다.

하스 박사의 강의는 계속된다. "미국과 유럽 언론 사이에 차이점이
있기는 하지만, 그 경향성은 서로 대동소이하다고 할 수 있다."

독일 언론에 관한 그의 분석은 다음과 같다. 새 세대에게는 이미 언
론의 전통적인 윤리가 그렇게 중요하지 않게 되었다. 얼마나 많은 독
자나 시청자를 끌어들이느냐가 언론인을 평가하는 기준이 되었다. 황
색 언론에서 나아가 정보와 오락, 사생활과 공적인 일의 혼합 경향으
로 말미암아 경쟁은 점점 치열해 지고 있다.

하스 박사는 국가가 언론자유를 억압하려는 노력을 포기함과 동시
에 이상하다고 할 정도로 언론의 이상 역시 점차 시들해 가고 있다고
말했다. 분명 국가가 언론 제도에 대한 개입을 중단하자마자, 퇴보의
과정은 시작되었다는 것이다. "국가가 '진리의 무기'에 대한 적이 되
기를 중단했을 때 경제적 경쟁이 언론인의 일을 결정한다."

이것은 선진 세계에 매우 나쁜 현상이다. 개발도상국의 독재적인 정
치인들은 이처럼 자유 선진국에서 언론의 부정적인 경향을 예로 들어
왜 자기네 나라에서 언론자유를 허용하지 않는지의 구실을 삼는다.

그의 말은 계속된다. 30~40년 전 정치인들도 오늘날의 정치인들
만큼이나 부패하고 무능했으나, 그때는 보도가 되지 않아 심각하게

받아들여지지 않았다. 언론보도로 대중의 민감성이 갈수록 커짐에 따라 정치의 잘못된 점에 대해 더 큰 통제가 가해졌다. 그러나 이는 동시에 정치를 너무 어렵게 만들 뿐 아니라, 중요한 결정들을 뒤로 미뤄지게 했다. 정치인들과 정당이 언론의 부정적인 보도를 두려워하기 때문이다.

따라서 언론자유는 한편으로 자유 민주체제를 지켜주는 매우 중요한 요소가 되지만, 다른 한편 이른바 '마비 효과'를 수반한다는 것이 하스 박사의 시각이다.

'정당의 꽃'
대변인

정당 대변인만큼 매스컴의 각광을 받는 자리도 드물 것이다. 그도 그럴 것이 정치 현안과 정책에 관한 당의 입장을 공식적으로 대변할 뿐 아니라, 이를 언론에 설명하고 협조를 구하는 등 언론과 가장 많이 접촉하는 직책이기 때문이다.

거기에 다른 정부 부처나 조직의 대변인과는 달리 정당 대변인은 항상 정치의 중심에 서 있음으로 거의 매일 신문이나 TV에 등장한다. 따라서 '정당의 얼굴'로서 대변인의 인상은 곧 정당의 이미지와 직결된다. 당의 공식 창구인 대변인은 언론의 제1차적인 취재 대상이며, 당과 언론을 잇는 가교 역할을 담당한다. 따라서 대변인은 당 대표와 가장 가까이서 서로 교감하고 조율하는 사이다.

부지런한 대변인은 당에 나오기 전에 아침마다 대표의 집에 들러 그날의 현안이 무엇이며, 그것을 어떻게 언론에 설명할 것인지를 상의하고 지침을 받는다.

당과 언론 잇는 가교 역할

대변인은 항상 기자들과 함께 어울리면서 그들에게 당의 입장을 설명하고, 취재 편의를 제공하고, 식사를 같이 하고, 주말에는 그들과 함께 골프를 치기도 한다. 따라서 대변인은 대개 어느 누구보다도 기자들과 가까울 뿐 아니라 사이가 좋다. 그러나 기자들의 눈 밖에 벗어나는 대변인도 종종 있어서 그럴 경우 대변인직을 오래 수행할 수 없음은 물론이다.

정당 대변인은 언론의 각광을 받는 만큼 일반 국민의 인지도를 높일 수 있는 혜택을 누린다. 대중 정치인으로 성장하기에 그만큼 유리한 고지를 점한 것으로 볼 수 있는 것이다. 그래서 대변인은 '정당의 얼굴' '당직의 꽃'으로 불린다.

대변인은 뜨거운 현안을 놓고 상대 당과 공방을 벌일 경우 명쾌한 논리와 언어로 상대 당의 주장을 무력화시키고, 국민을 설득해야 할 책임이 있다. 별거 아닌 것 같은 문제도 대변인 성명을 통해 정치 쟁점화하기 십상이며, 정당 대변인 간의 공방을 거치면서 정치 쟁점으로 부상하기 마련이다.

아침에 당의 주요 회의가 열린 후 대변인은 기자실에서 회의 내용을 브리핑하고, 기자들의 질문을 받는다. 물론 이때 대변인은 언론과 국민에게 알려야 할 내용만 브리핑한다. 국민에게 알려서 자기 당에 좋을 것이 없는 내용은 전달하지 않는다. 자칫 실수로 밝혀서는 안될 내용을 발설할 경우 엄청난 대가를 치러야 한다.

대변인이 브리핑을 할 때나 성명, 논평을 낼 때 이는 대변인 개인의 입장이 아니라, 자신이 속한 정당의 입장임은 두말 할 나위가 없다. 중진이냐, 초선이냐에 따라서, 또 개성에 따라 다르긴 해도 대변인은 대개 회의에 참석해서 참석자들의 말을 놓치지 않고 정리해서 전달할 뿐 자신의 의견을 말하는 경우가 드물다. 그래서 나와 같이 일했던 한 대변인은 '대변인에게 이렇게 언론의 자유가 없는지는 몰랐다'고 푸념을 하곤 했다.

회의 내용을 잘 가공하고, 논리적인 뒷받침을 함으로써 회의 내용과 당의 입장을 돋보이게 하는 것은 대변인의 몫이다. 회의 내용이 별 알맹이가 없는 경우, 대변인은 독자적으로 현안과 관련한 당의 입장과 논리를 잘 포장하여 기자들에게 기삿거리를 제공해야 한다.

유능한 대변인은 돌발 사건이 터질 경우 독자적인 판단을 통해 신속히 당의 입장을 규정하고, 적절한 논리와 호소력 있는 표현으로 그것을 국민에게 설득력 있게 전달한다. 따라서 자질 있는 대변인은 날카로운 상황 판단력과 순발력, 정연한 논리와 간결명료하면서도 정곡을 찌르는 표현력을 갖추고 있다.

대변인의 인상은 정당의 이미지

정당 대변인의 중요한 일 중 하나는 TV 기자들의 요청으로 녹취하는 일이다. TV 카메라 앞에서 현안과 관련한 코멘트를 함으로써 TV 보도기사에 인용할 수 있도록 한다.

이를 위해 대변인은 현안의 핵심을 당의 입장에서 가장 설득력 있게 전달할 수 있도록 코멘트할 내용을 뽑아 외운다. 대개의 경우 대변인들은 카메라 녹취를 단번에 끝내지 못한다. TV 앵커 출신이라 하더라도 여러 번 실수하기 마련이어서 수차례 반복 녹취한다. 그만큼 TV에 비치는 대변인의 모습과 코멘트는 자신은 물론 정당의 이미지와 직결되기 때문이다. 대변인이 TV 앞에 설 때는 반드시 분장을 하는 데, 대변인 초기에는 분장하는 것을 쑥스러워하다가도 몇 번하고 나면 당연히 해야 하는 것으로 받아들여 금방 익숙해진다.

대변인은 국민들에게 신뢰감과 친근감을 주어야 한다. 무엇보다도 중요한 것은 매끄러운 말솜씨가 아니라 진실을 말하고 있다는 인상을 심는 것이다. 그래야 그의 말은 설득력을 지닌다. 영상시대에 시청자에게 어필할 수 있는 마스크와 목소리를 갖추고 있다면 금상첨화다.

한 광고 전문가는 특히 여야가 첨예하게 대립할수록 대변인은 눈에 독기를 품어서는 안 된다고 충고했다. 가파른 대치국면에서 대변인이 여유와 웃음을 잃지 않아야 그 정당의 이미지를 일반 국민에 덜 부정적으로 보이게 한다는 것이었다.

함께 일했던 한 대변인은 취임 때 두 가지 원칙을 정했다. 그것은 첫째 브리핑을 통해 모든 기자들로 하여금 큰 흐름을 짚을 수 있게 해 준다는 것이었고, 둘째 어느 언론에도 특종을 주지 않는다는 것이었다. 뿐만 아니라 그는 될 수 있는 한 절제되고 순화된 언어를 쓰려고 노력했다. 그는 재임 중 그 원칙을 끝까지 지켰고, 무난히 대변인직을 소화해 좋은 평가를 받았다.

어느 조직의 대변인도 마찬가지겠지만 정당 대변인 역시 기자들의 취재 활동을 위해 편의를 제공할 뿐 아니라 그들과 가까이 지내면서, 그들로 하여금 자당에 대해 좋은 기사, 덜 비판적인 기사를 쓰도록 신경 쓰고 노력한다. 가판 신문에 난 부당하고 왜곡된 기사를 바로잡기 위해 언론사와 접촉하는 것도 대변인의 또 다른 일이다.

희망과 향기를 담은
논평

정치의 핵심이 말이라면 정당 대변인단의 성명과 논평은 바로 정치의 내용 그 자체라고 할 것이다. 각 정당은 당 대변인의 성명과 논평을 통해 각종 사안에 대한 당의 입장을 나타낸다.

따라서 성명·논평의 수위는 언론 보도의 방향을 제시할 뿐만 아니라 향후 정국의 향배를 가늠케 한다.

성명과 논평의 구분은 확실치 않다. 대개 논평은 특정 사안에 대한 평가적 성격을 내포하며 상대 당의 성명에 대한 반응일 경우가 많다. 성명은 사안으로부터 보다 독립적인 입장에서 당의 입장을 밝힐 때 사용하는 형식이다. 대체로 강력한 당의 입장을 드러내야 할 필요가 있을 때 논평보다는 성명을 선호한다.

부대변인의 성명과 논평은 대부분 대변인의 검토를 거쳐 나간다. 대변인단의 성명·논평은 일관성이 있어야 하며, 부대변인들의 논평은 대변인의 성명과 그 기조와 흐름이 부합해야 하기 때문이다.

대변인단의 성명이나 논평에 나타난 현안에 대한 입장에 서로 편차가 있다거나, 미묘한 정치상황을 잘못 짚는 일이 있어서는 안 된다. 또 그때 그때 정치상황에 따라 상대 당 공격에 있어 성명과 논평의 수위가 적절해야 한다. 이런 부분을 점검하기 위해서 모든 성명·논평에 대한 대변인의 검토는 꼭 필요하다.

성명과 논평은 다른 글과는 달리 길어야 4~5개의 문단임으로 짧은 글 속에 특정 현안에 대한 당의 분명한 입장을 최적의 논리로 포장해 담아내야 한다. 이를 위해서는 문제의 핵심을 짚는 안목과 정연한 논리, 그리고 정곡을 찌르는 표현이 요구된다. 농축되고 절제된 언어와 촌철살인의 기지로 국민의 가슴을 파고들어야 한다.

험악한 표현에의 유혹

성명과 논평은 때로는 상대 당에 대해 폭풍이 휘몰아치듯 매몰찬 공격을 마다하지 않으며, 때로는 은유와 우회적 표현으로 그 속에 함축된 뜻이 읽히게 하기도 한다. 때로는 신랄한 풍자로 상대 당 지도자를 비꼬기도 하고, 가끔은 상대 당 지도자의 정치행태를 칭찬하기도 한다.

상대 당과의 공방에서 언어를 선점한다는 것은 전쟁에서 유리한 고지를 먼저 점령하는 것이다. 이때 중요한 것은 정연하고 설득력 있는 논리와 가슴에 와 닿는 표현이다. 국민을 설득하는 데는 무엇보다도 논리로 상대 당을 압도하는 것이 중요하며, 국민 정서에 호소하는 것이 보다 효과적이다.

상대 당과 성명전을 벌이다 보면 서로가 상승 작용을 일으켜 자칫 험악한 표현을 쓰고 싶은 유혹을 느끼기 십상이다. 상대 당과 싸움에 몰입하다 보면 표현은 점점 품위를 잃고 각박해지는 경우를 어렵지 않게 볼 수 있다.

상대 당이 내는 성명이나 논평을 보면 표현이 너무 거칠고 험악해서 '아무리 그렇다고 어떻게 저런 용어를 사용할 수 있나'고 생각할 때가 한두 번이 아니다. 어쩌면 그것이 여당과 야당의 차이일지 모른다. 여당과 야당의 언어 차이는 곧 쟁점 사안에 대한 시각 차이일 뿐 아니라, 좀 더 근본적으로는 정권을 놓고 공격하고 방어하는 입장의 차이일 것이다.

각 당 대변실에서 나오는 성명과 논평의 성격은 여야간 차이도 차이지만, 대변인의 성향에 따라 달라지기 마련이다. 공격적인 성격인 대변인의 성명은 상대적으로 과격하다. 부대변인들에게도 좀더 투쟁적이고 매몰찬 성명을 주문한다.

반면 어떤 대변인은 스스로 품위 있는 성명을 내기에 노력할 뿐 아니라 부대변인들에게도 가급적 온건하고 순화된 표현을 쓰라고 요구한다. 대변인의 성향에 따라 대변인단의 성명 내용이 차이가 나는 것이다.

즉 성명·논평의 성격은 여당이냐 야당이냐와, 사람이 누구냐에 따라 차이가 난다. 그럼에도 나는 야당이라고 해서 반드시 더 과격하고 험악한 용어를 써야 할 필요는 없다고 생각한다.

논평과 칼럼의 차이

나는 부대변인으로 여당에 들어오기 전에 20년 가까이 언론계에서 일했기 때문에 기사와 칼럼 쓰는 데 익숙해 있었다. 따라서 부대변인으로서 성명·논평을 내는 데 처음에는 갈등을 겪기도 했다. 그 갈등은 칼럼과 성명의 차이에서 오는 것이었다.

칼럼은 처음부터 모든 것에 대해 열어 놓고 생각하면서 객관적으로 글을 끌어나가다가 결론을 내린다. 따라서 기사와 칼럼의 생명은 객관성과 균형감각이다. 하지만 정당의 성명은 애초에 입장이 정해져 있다. 이미 정해진 입장과 시각에 맞추어 논리를 개발하고 포장해 국민을 설득하기에 노력한다.

지나치게 정직한 탓인가, 아니면 적응력 부족인가. 객관적 사고와 표현에 중점을 두고 훈련되어 왔던 나의 머리와 마음은 한쪽으로 경도된 입장에서 논리를 펴야 하는 상황에서 상당 기간 혼란과 갈등을 겪어야 했던 것이다.

어차피 정당이 하는 일은 집권, 혹은 정권 유지를 위해 자기 당의 논리와 입장으로 대중을 설득함으로써, 국민의 지지를 넓혀 가는 것. 지금의 나는 성명과 논평을 내는 데 불편하지 않을 만큼 정당의 역할을 충분히 납득하고 있다.

중요한 것은 어떻게 하면 정치에 멋과 여유가 있게 할 것인가다. 그런 관점에서 본다면 정치권에서 사용하는 언어의 건강성은 무엇보다 중요하며, 그 중에서도 정당의 성명·논평은 가장 중요하다.

정당의 성명과 논평은 격한 표현보다는 정연한 논리로 돋보여야 한다. 지나치게 투쟁적이고 공격적인 성명은 국민을 설득하기는커녕, 정치불신을 심화시키는 데 기여할 뿐이다. 국민에게 싸움질하는 정치를 연상시킬 것이기 때문이다.

정당의 성명과 논평은 바로 그 나라의 정치문화다. 따라서 절제의 미학이 요구된다. 건강한 언어로 희망과 향기를 담은 글이어야 한다. 정치발전은 정치언어의 정화를 통해 이루어진다.

대변인단의
언어폭력

정당 대변인단이 성명과 논평에서 사용하는 용어는 바로 여당과 야당의 관계를 잴 수 있는 바로미터다. 그 용어가 온건한가 과격한가에 따라 어느 한 시점에서 여야가 어떤 관계인지를 어림잡을 수 있다.

현안에 대해 여야 간 이견이 없을 때, 혹은 여야 화해국면에서는 대변인단이 사용하는 용어는 온건할 수밖에 없다. 여야가 정치 현안을 놓고 첨예하게 대치하면서 정국이 가파르게 전개되면 정당 대변인단의 성명과 논평도 점차 과격해지기 마련이다.

처음에는 점잖던 용어가 공방이 치열해지면서 갈수록 거칠어진다. 그때쯤 언론은 어김없이 대변인단이 성명과 논평에서 사용한 거칠고 험악한 용어들을 들추어내며 이들을 질타한다.

여·야당 대변인들은 종종 서로 거친 용어 사용을 자제하자는 신사협정을 맺는다. 그러나 그 구두 합의는 얼마 안 가 깨지기 십상이다.

화해 국면을 벗어나 정쟁 국면에 돌입하면 정당간 공방은 가열되고, 신사협정은 헌신짝처럼 버려진 채 대변인단의 성명과 논평 역시 강경하고 험악한 방향으로 치닫게 된다.

살벌한 용어와 독설

조폭 정당, 깡패 정당, 청개구리 정당, 개판 국회, 좁쌀 정치, 파렴치, 양두구육, 주구, 기생충, 사쿠라, 인면수심, 마각, 이중 인격자, 인격 파탄자, 정치적 탕아, 시정잡배, 소인배, 떠버리 정치인, 고용 사장, 제2의 이강석, 마녀 사냥, 압살, 말살, 언론 죽이기, 야당 솎아 죽이기, 파렴치 인질극, 국가 망신처, 살민 정권, 더위 먹은 정권, 철면피 정권, 권력의 주구, 정권의 어용기관, 현대판 진시황 정권, 비뚤어진 심술보, 눈만 뜨면 음해, 썩어 문드러진…….

강경하다 못해 살벌하기까지 한 이같은 용어와 독설은 우리의 정치 현실이 얼마나 여유 없고 각박한지를 그대로 반영한다. 성명과 논평에서 사용하는 극한적인 용어는 '죽기 아니면 살기'식의 강퍅성이 우리 정치의 엄연한 속성임을 잘 보여준다.

상대 당에서 성명, 논평이 나오면 대변인단은 이를 즉각 맞받아친다. 또 언론이 자당에 유리하거나 상대 당에 불리한 보도를 할라치면 즉각 이를 받아 논평을 낸다. 자당에 불리한 보도에 대해서는 이를 해명하는 논평을 낸다.

정당들의 이같은 즉각적인 대응 행태는 어물쩍거렸다가는 손해 보기 십상이고, 처음에 밀렸다가는 계속 밀린다는 강박관념에서 나온다. 언론에 자당의 입장과 논리를 반영시키기 위해서라도 상대방의 주장에 대해 즉각 맞불을 놓아야 할 필요성을 느끼는 것이다.

대변인단은 상대 당의 지도부나 의원들 중 말실수를 하기라도 하면 가차없이 물고 늘어짐으로써 당사자와 상대 당에 타격을 가한다. 대변인단의 공격은 언론을 통해 일반 국민에 알려지고, 발언 당사자는 물론 상대 당의 이미지에 심각한 손상을 입힐 수 있다.

상대 당 정치인들의 언행에 대한 단세포적인 대응과 정당 대변인단의 거친 성명은 우리의 척박한 정치문화를 대변한다. 상대를 흠집내야 나한테 이득이라는 제로섬zero-sum식 사고 방식, 전부 아니면 전무 all or nothing식의 비타협적 정치행태를 그대로 드러낸 것이다. 정치 언어는 바로 그 나라의 정치문화다.

대변인단은 대체로 성명과 논평을 낼 때 강경한 언어를 사용하고 싶은 유혹에 빠지기 쉽다. 이는 여자가 화장을 점점 짙게 하는 심리와 마찬가지일 것이다. 정당간 공방이 시작되면 논평 집필자는 거칠고 과격한 언어에 스스로 면역이 되어 점점 더 원색적이고 극단적인 용어를 찾게 된다.

이성적이고 품위 있는 언어는 눈에 띄지 않고 감정적인 단어들이 활개치면서, 결국 언어 폭력의 단계로까지 나아가게 된다. 논평자는 극단적인 언어를 사용해야 효과가 극대화 될 것으로 착각하게 되는 것이다. 술 취한 사람의 경우 나중에는 술이 술을 먹듯, 생명력을 가진 언어는 논평자의 통제를 벗어나 점차 험악한 쪽으로 치닫는다.

성명, 논평은 한 나라의 정치문화

대변인단의 성명과 논평의 내용이 각박하게 되는 것은 이들이 정당간 치고 받는 정쟁 속에 매몰되기 때문이기도 하다. 한 발짝 뒤로 물러나 정치를 조망하면서 상대 당의 행태에 대응한다면 보다 여유 있고 이성적인 성명이 나올 수 있을 것이다.

그러나 그것을 대변인단에게 기대한다는 것이 현실적으로 가능할 것인가. 어느 정도는 이상론일 듯하다. 대변인단은 직무의 성격상 정쟁의 한 가운데 있을 수밖에 없으며 그것도 언어를 무기로 최전방에서 싸우는 선봉대이기 때문이다. 치고 박고 하다보면 자기도 모르는 사이에 감정이 상승작용을 일으키기 마련이다.

현실정치에서 그들은 바로 정쟁을 촉발하고 이끄는 당사자들이다. 따라서 정쟁 중에 대변인단에게 고상한 논평을 요구하는 것은 나무 위에서 고기를 구하는 격인지 모르다. 그들에게 정쟁에서 한 발짝 비켜서라고 요구하는 것은 전쟁터에 나가서 총을 쏘지 말라는 말과 같을 수도 있을 것이다.

그러나 그렇기 때문에, 대변인단은 정쟁의 최선봉에 서 있기 때문에 그들이 내는 성명은 그만큼 절제되고 품위 있는 언어를 사용해야 한다는 역설이 성립한다. 성명전이 치열할수록, 감정이 격앙될수록 한숨을 돌리고 냉정을 찾아 이성적인 언어로 대응할 필요가 있다.

말은 그 사람의 인격이고, 정당 대변인단의 성명과 논평은 그 정당의 품격이다. 험악한 언어는 정치를 이전투구의 장으로 몰아가고, 이는 곧 일반 국민의 정치불신을 심화시키는 주범이다.

상대 당에 대한 음해, 적개심을 담은 언어는 정치발전의 적일 뿐 아니라 국민의 가슴을 갈기갈기 찢는다. 대변인단의 험악한 성명은 바로 국민으로 하여금 정치에 등을 돌리게 하고, 국민통합을 저해하는 범죄인 것이다.

　정당의 대변인과 부대변인들은 직무상 그 일이 어렵더라도 언어사용에 있어서 최대한 절제하고 품위를 찾으려는 노력을 게을리 해서는 안 된다.

　건강한 언어의 사용이 정치의 건강성을 되찾는 첩경이라는 확고한 인식과 이를 위한 결심이 필요하다. 그리고 거칠고 험악한 언어를 사용하고 싶은 유혹을 이겨내기 위해 이 대목을 염두에 두고 항상 깨어 있지 않으면 안 된다. 험악한 표현은 자위행위masturbation다.

정치언어의 또 다른 산실, 홍보위원회

정당 대변인실이 주로 언론을 상대로 해 그날 그날 정치 현안에 대처하는 기능이 있다면, 홍보위원회는 좀더 긴 호흡으로 당과 국정에 관한 홍보를 담당한다.

굵직굵직한 사건들과 민감한 정치현안에 대한 당의 입장과 논리를 일반국민에게 널리 알림으로써 지지자들을 결집시킬 뿐 아니라 중립지대에 있는 일반인들을 지지자로 끌어들이고, 비판적 입장에 있는 사람들을 지지자로 혹은 중립적인 위치로 유도하는 데 있어 홍보활동의 중요성을 아무리 강조해도 지나치지 않을 것이다.

홍보가 언어, 이미지, 행동을 통해 여론을 형성하고 주도하려는 조직적 시도라면, 정당의 홍보활동이야 말로 탁월한 언어감각과 기획 마인드가 요구된다. 따라서 정당 홍보 관계자들은 어떤 언어로 국민들의 눈길을 끌고 마음을 사로잡을 것인가에 대해 누구보다도 많은 고민과 노력을 한다.

정당 홍보활동은 우선 당원들을 당에 대한 더 큰 자부심과 자신감으로 무장시켜 당원 각자를 홍보요원화하는 데 주안점이 두어져야 한다. 이런 측면에서 당원들을 상대로 한 홍보와 교육이 정당 홍보의 상당 부분을 차지한다.

언어감각과 기획 마인드 필요

평상시 홍보위원회 주요 업무는 당보 발행, 시의성 홍보물 제작, 각종 포스터 제작, 지구당에 뉴스레터 보내기, 중앙당이나 지구당에 내걸 플래카드 제작, 영상 홍보물 제작, 그리고 사이버 홍보 등이다.

그 중 당보는 당원을 상대로 한 가장 중요한 홍보 수단이다. 한 달에 한두 번 각 지구당과 오피니언 리더들에게 발송되는 당보는 당원들이 꼭 알아야 할 현안에 대한 논리와 당의 입장 설명, 그리고 국정홍보 등을 내용으로 담는다.

시의성 홍보물은 재벌 개혁, 남북 정상회담, 노벨평화상 수상, 국민의 정부 3년 등 당 총재와 정부의 업적을 홍보하기 위해 소책자 형태로 만들어진다. 굵직한 사건들을 우리 당 입장에서 재해석해 그 의미를 국민의 뇌리에 각인시키는 수단이다.

당 홍보위원회가 우선 홍보의 컨셉을 정한 다음 홍보 내용에 대해 광고기획사와 수 차례 토론과 검토 과정을 거쳐 최종 홍보물이 나오게 된다. 국민을 설득할 수 있는 좋은 작품이 되려면 쉬운 용어와 명쾌한 논리로 사안을 설명해야 하며, 시각적 요소 또한 간단명료하면서도 산뜻하게 의미를 전달할 수 있어야 한다.

중앙당사 건물에 위에서 아래로 크게 걸려 있는 플래카드 역시 중요한 홍보수단 중 하나다. 홍보위원회 관계자들은 당사 부근을 지나가는 일반인들에게 강렬한 인상을 심어줄 표어를 만들어 내기 위해 머리를 짜낸다. 분명한 메시지와 참신한 표현으로 사람들의 눈길을 잡아 묶어놓아야 하기 때문이다.

영상홍보물은 대체로 당과 정부의 업적, 선거공약, 이미지 등을 CF 형태로 홍보하는 것으로 각종 훈련을 받는 연수생들을 위해 사용되고, 지구당 행사나 정당 연설회에서 초장 분위기를 잡기 위해 활용되기도 한다. 특히 선거 때 영상홍보물의 효용성은 매우 높다. 후보 유세차나 멀티비전을 통해 짧은 시간에 집중적인 메시지를 전달함으로써 유세 효과를 높인다.

영상홍보물 역시 외부 기획사와 협의하에 만들어지는데 그 내용이 일관성 있고 구성이 매끄러워야 한다. 5~10분 사이의 짧은 시간에 확실한 메시지를 시청자의 가슴에 강하게 심어야 한다.

선거 때 맹활약

앞에서 설명한 내용은 홍보위원회의 평상시 활동이다. 선거 때가 되면 홍보위원회는 어느 부서보다도 바쁘고 업무량이 많아진다. 당보만 해도 평상시의 3배 가량 부수가 늘어나고, 특히 총선 때는 한꺼번에 총 2백20여 개 지구당판을 각각 따로 만들고, 그 외에 수도권, 호남·제주권, 영남권, 강원·중부권 등으로 권역을 나누어 지역판을 만들어야 한다. 이는 매우 힘든 작업으로 후보자의 약력이나 혹은 숫자 하나라도 틀리면 낭패를 보게 된다. 따라서 매우 세심한 주의와 집중력을 요한다.

선거 때 각 후보들의 로고송은 매우 유용한 득표 수단이다. 로고송이란 국민 누구에게나 친숙한 대중가요를 가사를 바꾸어 만든 것이다. 로고송은 당과 후보자를 유권자에게 어필할 뿐 아니라 통일된 이미지로 다가갈 수 있게 한다. 선거 로고송 제작을 위해서는 우선 판권을 가진 음반 제작사와 협상을 통해 사용료를 지불하고 가사를 개작한다.

또 선거 때 매우 중요한 홍보수단으로 일간지에 게재하는 정책광고가 있다. 선거법상 대통령 선거 때 선거기간 중 70회, 국회의원 선거는 50회까지 게재할 수 있다. 일간지 광고가 비싸기도 하지만 각 일간지 제1면의 4분의 1을 차지하는 광고효과는 매우 커서 각 정당은 이 정책광고에 심혈을 기울인다.

컴퓨터와 인터넷 시대의 도래와 함께 폭발적으로 증가하는 네티즌을 대상으로 한 정당의 홍보활동이 강화되고 있는 추세다. 당 사이버지원단은 홍보위원회의 한 축으로 당 홈페이지를 관리한다. 젊은이들의 구미에 맞는 새로운 메뉴를 계속 개발해 네티즌들을 당 홈페이지로 유인하고 있다. 그리고 그들로 하여금 당과 정부에 대한 칭찬과 비판, 심지어 욕설과 인신공격까지 할 수 있는 장을 마련해 주고 있다.

당 홍보위원회는 정당에서 언어와 이미지를 가장 전문적으로 개발, 적용하는 부서다.

제5부
멋과 여유의 정치를 위하여
_제언·단상

19년만에
다시 찾은 인도

　　19년만에 다시 방문한 인도에서 나는 새로운 사실을 발견했다. 사람들이 북적거리는 관광지의 한복판에 개가 죽은 듯이 꼼짝 않고 드러누워 있었다. 죽은 개인가 싶어 발로 건드려보니 꿈틀거렸다. 우리나라의 경우 개가 낮에 쉴 때 그처럼 머리를 아예 땅에 내려놓고 축 늘어져버리진 않는다. 넋을 놔버린 듯 퍼져있는 개의 모습을 보면서 나는 함께 간 동료들에게 '늘어진 개팔자'라고 했다.

　　또 다른 장면. 차가 바삐 오가는 차도 중앙에 소 한 마리가 유유자적하게 서 있다. 그 소 때문에 교통체증이 일어나지만, 길가에 있는 사람들 중 누구하나 소를 끌어내려 하지 않는다. 차들이 소를 피해 간다. 놀라운 일은 그 소 역시 그같은 혼잡한 환경은 사람들의 사정일 뿐내 알 바 아니라는 듯 한가롭기 그지없다는 점이었다. 그 소에겐 자기가 있는 곳이 차가 달리는 도로이건, 평화로운 풀밭이건 아무런 차이가 없는 듯이 보였다. 나는 동료들에게 '소 팔자가 상팔자'라고 했다.

국민의 사고방식은 가축에도 영향

나는 두 가지 장면을 목격하면서 중요한 사실을 깨달았다. 한 나라의 문화와 그 나라 사람들의 사고방식은 가축에게까지 그대로 스며들어 있다는 점이었다.

그렇다. 개가 혼이 빠진 듯 축 늘어져 있는 모습은 바로 인도인들의 체념문화의 반영일 것이다. 그들은 태어날 때부터 브라만, 크샤트리아, 바이샤, 수드라 등 4개의 계급 중 하나에 속해, 평생 그 계급에 묶여 살면서, 그것을 당연한 운명으로 받아들인다.

혼잡한 차도에서 한가롭게 서 있는 소의 모습은 곧 인도인들의 소 숭배 사상의 연장이다. 사람이나 차가 피해 가야지, 어찌 숭배하는 소를 치울 수 있겠는가. 그러니 소가 상전이다. 그것을 소도 알기에 차도 한가운데에서도 그처럼 유유자적할 것이다.

인도인들의 체념 사상과 소 숭배는 말할 것도 없이 전체 인구의 80%를 차지하고 있는 힌두교의 영향일 터다. 종교는 한 국민의 사고방식과 생활양식에 가장 큰 영향을 미치는 요소일 것이기 때문이다.

고대 문명 발상지로 심오한 정신세계는 말할 것도 없고, '세계 7대 불가사의' 중 하나인 타지마할 사원을 포함해 고도의 과학문명을 꽃피웠던 인도가 왜 저토록 오랜 세월 무기력한 상태로 남아 있었을까. 고대 문명기 이후 힌두교가 저들의 정신세계를 지배하면서, 카스트 제도와 숙명론이 인도인들을 결박해 왔던 때문이 아닐까.

서서히 깨어나는 거인

20세기 인도는 세계적으로 걸출한 지도자 마하트마 간디를 배출했다. 그는 '태양이 지지 않는' 영국의 제국주의에 비폭력 운동으로 맞

서, 무지한 인도 대중을 일깨우고, 세계의 여론을 환기시키면서 조국
을 해방으로 이끌었다. 델리 근방에 자리한 간디 도서관에는 그가 생
전에 신었던 낡은 신발과 헤어진 부채, 엄청난 량의 도서, 그리고 인
도 백성의 자주성과 자립경제의 상징적 도구로 간디가 사용했던 물레
가 비치되어 있다.

국내외 정세가 복잡다단하고 가파르게 전개되는 가운데 유유히 물
레를 젖고 있는 간디의 모습이 눈에 선하다. 내가 가장 존경하는 인물
중 한 사람인 간디가 국민적 운동을 펼치던 곳, 내겐 정녕 가슴 뛰는
현장이었다.

부질없는 상상이지만 그 간디가 지금 인도에 다시 태어난다면 어떨
까. 그러면 인도인들의 생각과 생활을 바꿀 수 있을까? 수천년 동안
한 민족의 피와 뼈 속에 스며들어 있는 사고방식과 문화를 근본적으
로 바꾸기란 쉽지 않은 일이다.

문제는 과거와의 단절이다. 찌든 가난, 체념, 스스로를 옭아맸던 숙
명의 굴레를 박차고 나올 수 있어야 한다. 인도 정부는 해외에서 교육
받은 인재들을 불러들여 IT 산업에 총력을 쏟고 있다고 한다. 잠자고
있던 거인이 서서히 깨어나고 있다.

(2007년 3월)

시각 장애인이
스키 타는 세상

수년전 내가 미국 특파원으로 근무할 때의 일이다. 가족과 함께 스키장에 갔는데, 거기서 '충격적인' 장면을 목격했다. 앞을 볼 수 없는 여자 시각 장애인이 스키를 타고 있었다.

시각 장애인이 어떻게 스키를 탈 수 있을까. 그녀의 양팔을 두 명의 도우미가 부축하면서 그녀의 스키 타기를 돕고 있었다. 당시 내게는 그 장면이 충격과 감동으로 다가왔다. 만약 우리나라에서 그랬다면 어땠을까. 필경 적지 않은 사람들에게서 '앞도 못 보는 주제에 별 걸 다 한다'는 식의 핀잔을 들었을 것이다.

장애인 대우는 선진화 척도

그런데 2년전 나는 비슷한 광경을 부여 낙화암에서 볼 수 있었다. 시각 장애인 다섯 사람이 인솔자의 안내로 낙화암에 올라 관광을 하고 있었다. 그들은 어떻게 관광을 할까. 손으로 바위를 만지기도 하고, 정자에 앉기도 했다. 그들은 손으로 낙화암을 보았고, 마음의 눈으로 낙화암을 감상했다.

나는 이 광경을 보는 순간 다시 한번 그들에 대한 연민의 정과 함께 가슴속에서 무엇인가 뜨겁게 북받쳐 오름을 느꼈다. 그것은 저들도 나와 똑같은 존재라는 각성이었다. 그렇다. 앞을 볼 수 없는 시각 장애인도 정상인과 똑같이 스키 타기와 관광의 즐거움을 누릴 권리가 있는 것이다.

우리 나라도 장애인에 대한 인식과 제도가 예전에 비해 많이 향상되고 개선되었다. 나는 주차장에 갈 때마다 장애인 전용 주차 공간을 유심히 살피는 버릇이 있다. 차가 꽉 차서 주차할 수 없는데도 유독 장애인 표시가 있는 자리만은 비어 있는 경우를 여러 번 본다. 이는 곧 우리나라가 선진국으로 점점 가까이 가고 있음을 반증한다. 장애인을 얼마나 존중하고 대우하느냐는 그 사회가 어느 정도 선진화되어 있는지 가늠하는 하나의 척도이기 때문이다.

하지만 아직은 멀었다. 선진국에 가보면 장애인 못 된 것이 서러울 정도로 장애인이 대접받는다는 것을 잘 알고 있을 터이다. 비근한 예로 전신 마비의 중증 장애인 이일세 씨의 경우이다. 한국에서 사고로 장애인이 된 후 미국 하버드대학교 케네디 스쿨에 입학한 이씨에게 학교 관계자가 물었다. "당신이 공부하는 데 불편이 없도록 하려면 우리가 어떻게 해주어야 합니까?"

더 큰 관심과 애정 필요

이씨는 화장실에 휠체어가 편리하게 들어갈 수 있게 해주고, 학교 출입문도 휠체어가 출입하는 데 불편하지 않게 해달라고 요구했다.

학교 측은 그의 요구를 받아들였다. 케네디 스쿨의 정문이 2주간의 공사 끝에 이씨가 편리하게 사용할 수 있도록 바뀐 것이다. 화장실 수리는 말할 것도 없었다. 단 한 사람의 장애인을 위한 학교 측의 배려였다. 이것이 진정한 의미의 선진국이다.

아직도 장애인에 대한 우리의 의식과 제도는 미비한 점이 많다. 도로에는 5-6cm의 턱이 있고, 인도는 휠체어가 다닐 수 없도록 주차되어 있는 것이 예사다. 휠체어 리프트를 갖춘 버스는 아예 없고, 지하철 역에도 리프트가 간간이 눈에 띌 뿐이다.

장애인에 대한 더 많은 관심과 애정, 그리고 제도적 뒷받침이 있어야 한다. 누가 되고 싶어서 장애인 된 사람이 한 사람이라도 있는가. 선천적이든 후천적이든 그 장애는 본인의 의지와 관계없이 '주어진 것'이 아니던가.

그렇다면 정상인 누구도 장애인이 될 수 있고, 또 앞으로 될 수도 있다. 정상인들은 그 행운을 하나님께 감사해야 한다. 그리고 빚진 마음으로 장애인들을 존중하고 배려할 일이다. 마침 지난 4월 20일은 제23회 장애인의 날이었다. 각종 사회 단체 주관으로 이 날을 기념하고 장애인을 위로하는 행사가 열렸다. 그러나 그날 하루로 그칠 것이 아니다. 우리는, 또 이 사회는 끊임없이 관심과 애정을 가지고 그들을 배려해야 한다.

우리 모두 시각 장애인의 스키 타기를 도왔던 도우미가 되기로 다짐하자. 시각 장애인이 스키를 탈 정도로 장애인들이 기를 펴는 세상이 될 때 비로소 우리는 선진국 대열에 당당하게 진입해 있는 우리 조국의 모습을 보게 될 것이다.

(2003년 4월)

서당에 다니는
까닭

      돌이켜 보면 나는 중학교 때부터 영어에 남다른 소질이 있었다. 대학생 때는 영어 원서를 즐겨 읽었고, 작문을 집중적으로 공부했으며, 영어로 의사소통 하는 데 별 어려움이 없을 정도가 되었다. 영어에 대한 나의 애착은 직장선택에까지 연결되어 영자신문사인 〈코리아타임스〉The Korea Times 기자로 일하게 되었다.

  영어를 매일 쓰고 말하는 일이 직업이 되다보니 외국인을 많이 만날 뿐 아니라 접촉하는 자료들이 대부분 영어 일색이었다. 이는 내가 국제 감각을 익히는 계기가 되었다. 내가 〈시사저널〉로 자리를 옮겨서도 영어는 내게 큰 도움이 되었다. 〈시사저널〉 워싱턴 특파원으로 보낸 2년 동안의 미국 생활은 내 인생에서 견문을 넓히는 절호의 기회이기도 했다. 나는 세계정치의 심장이랄 수 있는 워싱턴에서 많은 사람들을 만나 사귀면서 국제 감각을 더욱 가다듬을 수 있었다.

  나는 영어를 구사할 수 있기 때문에 여러 차례 국제회의에 한국 대표로 참석했다. 그렇다면 내 반생은 영어와 함께 해 왔다고 해도 과언이 아닐 듯 싶다. 아마 나는 영어의 덕을 꽤 많이 본 사람 중 하나일 것이다.

이런 내가 한문을 공부한다는 것은 어울리지 않는 것 같았다. 주위에서 함께 한문 공부를 하자고 했을 때 바로 결정을 못하고 망설인 이유도 세계화·정보화시대에 '공자왈 맹자왈 하는 게 시대에 뒤떨어진다'는 생각을 떨쳐버릴 수 없었기 때문이다.

한학의 심오함에 매료

하지만 5년 전에 한학을 가르치는 금곡金谷 하병국 선생님을 만나 뵙고 나서 나는 깜짝 놀라고 말았다. 하 선생님은 사서삼경四書三經을 통달한 분으로서 1시간만에 유학의 진수를 일목요연하게 정리해 주었다. 그리하여 언론계에 종사하면서 시작한 한학 공부를 지금도 계속하고 있다. 1주일에 한 번씩 서울 연신내에 있는 금곡서당에 다니면서 대학大學을 마쳤고, 현재는 논어論語를 배우고 있다. 공부를 하면 할수록 나는 한학의 심오한 진리에 매료되었다.

나는 동양사상의 진수를 논어에서 발견했다. 논어야말로 유학의 최고봉이며 위대한 리더십 교과서다. 적어도 이 땅의 지도자가 되려면 논어를 반드시 필독서로 읽고 실천하고 노력하는 자세를 지녀야 한다고 믿기에 이르렀다. 나는 5년 동안 한학을 공부하면서 이 학문이 시대에 뒤떨어졌다는 생각을 해 본 적이 한 번도 없다. 오히려 시공을 초월해 오늘날 더욱더 우리의 가슴을 때리는 진리임을 알 수 있었다.

내가 무릎을 치면서 탄복했던 부분은 논어 첫머리에 나오는 세 구절이다. 논어는 이 '군자의 3대 조건'으로 시작해서 이것으로 끝을 맺는다고 할 정도로 중요한 대목이다.

첫째, 학이시습지(學而時習之)면 불역열호(不亦說乎)아! "배우고 때로 그것을 익히면 또한 기쁘지 아니한가."

우리가 너무 잘 아는 말씀이다. 그런데 이 말은 지식정보사회에서 더욱 필요한 개념이다. 이제 세상은 빛의 속도로 변하고 있다. 이러한 변화의 시대에 끊임없이 학습하지 않으면 시대에 뒤떨어진 사람으로 전락하고 만다. 나는 누구든 무슨 일을 하든 공부하지 않으면 도태될 수밖에 없다는 확신과 함께 평생학습의 중요성을 다시 한번 마음에 새기게 되었다.

둘째, 유붕이자원방래(有朋而自遠方來)면 불역낙호(不亦樂乎)아! "벗이 있어 멀리서 찾아오면 또한 즐겁지 아니한가."

우선 멀리서 찾아오는 진정한 친구가 있어야 한다. 정말 관포지교管鮑之交를 나눌 수 있을 정도로 신뢰할 수 있는 친구가 한 명이라도 없는 사람은 불행한 사람이다.

나는 또 벗의 개념도 세계화 시대에 걸맞게 바뀌어야 한다는 생각을 해 본다. 고향 출신이나 학교 친구만 벗이어서는 곤란하다. 학연, 혈연, 지연을 뛰어넘어 세계 도처에 친구가 있다면 더욱 멋지고 유익하게 지구촌 시대의 삶을 이끌어갈 수 있을 것이다.

셋째, 인불지이불온(人不知而不慍)이면 불역군자호(不亦君子乎)아!. "남들이 나를 알아 주지 않아도 화를 내지 않으면 또한 군자가 아닌가."

현대는 자기 PR 시대다. 자기를 잘 포장해서 잘 알리는 게 중요한 능력으로 인정받기에 이르렀다. 특히 정치인들은 대개 자기 선전에 능한 사람들이다.

그러다 보니 남들이 잘 알아 주지 않아서 받는 스트레스도 이만저만이 아니다. 그런데 공자는 남이 알아 주지 않아도 화를 내지 않으면 군자의 반열에 오를 수 있다고 가르친다. 나를 알아주고 알아 주지 않고는 남에게 달려있으니 내가 상관할 바가 아니다. 알아 주지 않을 경우에는 더욱 열심히 능력과 덕을 닦아 대비하라는 뜻이다.

서양식 사고에 동양사상 접목

군자의 3대 조건은 내가 살아가는 데 하나의 지침이 되었다. 논어의 본 뜻을 이해하고 현대적으로 해석을 하면 가슴에 더욱 생생하게 다가오는 것을 느낄 수 있다.

특히 나는 논어 공부를 하면서 서양 사람들을 만날 때 더욱 자신감을 갖게 되었다. "가장 한국적인 게 가장 세계적이다"는 말이 있듯이, 서양 사람은 동양적인 가치관을 얘기하면 더욱 관심을 갖게 되는 것을 알았다.

앞으로 동북아 시대에 중국의 역할은 아무리 강조해도 지나침이 없을 것이다. 이제 한자는 중국, 한국, 일본을 잇는 중요한 문자가 될 것이다.

나는 공자를 만나 그 동안 서양 일변도 사고방식에 동양사상을 접목함으로써 보다 균형감각을 가질 수 있게 되었다. 앞으로도 틈나는 대로 한문 공부를 소홀히 하지 않음으로써 동서양의 사상을 골고루 섭취하기 위해 노력할 작정이다.

(2002년 4월)

정치인의 자질

독일이 낳은 세계적인 사회과학자인 막스 웨버는 정치인의 자질로 정열과 책임감 그리고 판단력을 꼽았다. 웨버의 정치인 자질론은 매우 통찰력이 있어 보인다.

그가 말하는 판단력이란 정신을 집중하여 냉정함을 잃지 않고 현실을 있는 그대로 받아들이는 능력, 요컨대 사물과 인간에 대해 '거리를 두고 관찰하는 것'이다.

이를 현실정치에 대입시켜 생각하면, 돌발상황이 발생했을 때 사안의 핵심을 신속하게 파악하고, 입장을 민첩하게 정리할 수 있는 순발력이 그가 말하는 판단력에 포함될 수 있을 것이다. 복잡한 사안을 단순화해 명쾌한 논리와 가슴에 와 닿는 표현으로 국민을 설득할 수 있는 설득력도 결국 바른 판단력에서 나온다.

좀더 긴 호흡으로 보면 시대적 과제와 국민적 여망이 무엇인지를 정확하게 파악할 수 있는 능력 또한 여기에 속한다고 할 것이다.

무엇보다도 나는 웨버가 첫 번째로 꼽은 '정열'이야 말로 정치를 직업으로 가진 사람에게 가장 필요한 자질이라고 생각한다. 그렇다, 정치인에게는 '철판을 서서히 녹일 수 있는 원초적인 에네르기'인 정열이 있어야 한다.

정열 · 판단력 · 책임감

계속되는 긴장과 불안 등 불안정한 상황에서도 마음의 평정을 유지하면서 모험을 즐길 수 있는 사람, 아무리 불리한 여건 속에서도 승리하는 모습을 자신의 심상에 확고히 심어 전력투구할 수 있는 사람, 승리감을 만끽하고 영향력을 확대하기 위해 위험을 무릅쓰고 불확실한 미래에 기꺼이 도전하는 사람, 집념을 가지고 권력을 추구하면서 수많은 사람들로부터 받는 민원, 항의, 위협, 시달림을 감수하는 사람.

이것은 내가 보는 정치인의 모습이고, 이는 뜨거운 정열과 권력 본능의 소유자가 아니면 감당하기 어려운 일이다.

과대망상증이라고 생각될 만큼 엉뚱한 생각을 하는 정치인들을 가끔 보게 된다. 나는 이처럼 상식과 분수를 넘어서는 생각이 목표를 추구하는 원동력으로 작용할 수 있다면 그것조차도 정치인에게 하나의 자질일 수 있다고 생각한다. 현실정치에서 '무모한 용기'는 종종 이변과 기적을 만들어 낸다.

합리적이고 객관적인 판단이나 계산으로는 필연적으로 패배할 수밖에 없는 데도 불구하고 정반대의 결과를 낳는 경우가 정치에서는 다반사다. 1%의 가능성을 불쏘시개로 삼아 승리를 일궈낼 수 있는 원동력, 이것이야말로 정치인에게 필요한 정열이다.

그 정열은 어려움을 무릅쓰고 한 길을 걷게 하는 집념을 낳는다. 정치인의 중요한 덕목이라 할 수 있는 일관성은 그 집념에 가치가 더해진 것이 아닐까.

그러나 그 정열은 부정적인 행태를 수반하기도 한다. 각종 행사 때 분수를 모르고 높은 사람들이 앉는 자리에 끼어 들어 대우받으려는 행위, 그에 대해 옆에서 시비하면 이를 묵살할 수 있는 뻔뻔스러움, 한번이라도 더 텔레비전 카메라에 잡히기 위해 채신없이 얼굴을 들이미는 낯두꺼움, 정치적 보스 혹은 실세가 해외여행을 떠나거나 여행에서 돌아올 때마다 공항에 나가 얼굴을 내보이며 비위를 맞추려는 언동.

비뚤어진 정열

즉 안면몰수, 뻔뻔스러움, 눈도장, 철면피, 개기는 체질 등으로 묘사되는 그들의 부정적인 행태는 정열의 비뚤어진 발산이라고 할 것이다. 이와 함께 적지 않은 정치인들이 상대 정파나 정적에 대해서 맹목적으로 폄하하거나 배타하는 행태 역시 매우 부정적인 정치인의 모습 중 하나다.

정치인의 속성 중 빼놓을 수 없는 점은 자기 선전에 능하다는 것이다. 대체로 정치인들은 자신의 강점을 극대화하고, 약점을 최소화해 자신을 상품화하는 데 귀재들이다. 그들은 자신을 실제보다 과대포장하는 데 쑥스러워 하지 않고, 어느 정도 자기도취에 빠지는 경향이 있다.

어떤 사안이 발생하면 자신에게 혹은 자기 당에 유리하게 해석하고, 아전인수식 논리를 만들어 내는 능력 또한 현실 정치에서 필요한 자질 중 하나다. 활동하는 데 필요한 정도의 돈을 만들 수 있는 능력도 정치인에게 필요한 자질이 될 것이다.

　아직까지 정치인의 자질에 대해 기술한 것은 물론 현실정치를 기능적으로 접근한 것이다. 그 자질에 양식과 도덕성이 더해져야 함은 말할 것도 없다. 막스 웨버가 말한 대로 문제는 '타오르는 정열과 냉정한 판단력을 어떻게 하나의 혼 속에 단단히 붙들어 맬 수 있느냐'다.

(2001년 10월)

피상적인 미국이
구체적으로

1995년에서 97년 사이 워싱턴 특파원을 지낸 나에게 미국은 그렇게 낯선 곳이 아니다. 그러나 2001년 2월말부터 한 달간 미 국무부 초청으로 방문한 미국은 새로운 모습으로 내게 다가왔다. 매우 유익하고도 재미있는 시간들이었다.

워싱턴 D.C.에서 시작해 뉴욕, 테네시 주의 내슈빌, 아이오와 주의 디모인, 텍사스 주의 오스틴, 캘리포니아 주의 오렌지 카운티 그리고 하와이의 호놀루루를 거치는 학습여행은 하루에 4~5번의 미팅을 가질 정도로 강행군이었다.

관심 분야의 전문가들과 집중적인 토론을 통해 미국에 대한 나의 이해는 '피상적인' 데에서 '구체적인' 것으로 바뀌었다고 할 수 있다.

나의 관심사는 미국 정치제도, 연방 정부와 주 정부와의 관계, 정당의 홍보활동, 시민단체의 정치활동 등이었다.

국무부 직원에 따르면 1960대 초에 시작된 이 인터내셔널 비지터

(International Visitor, 이하 IV) 프로그램에 참여한 사람들 중 전세계적으로 200여 명의 국가원수급 지도자가 배출되었다고 한다.

미국 방문기간 중 마침 김대중 대통령이 부시 행정부 출범 후 처음으로 미국을 방문했다. 전문가들은 대체로 양국 정상회담을 통해 미국은 우리 정부의 대북 포용정책을 인정하고 다만 속도조절 정도를 요구할 것이라고 전망했다.

그러나 내가 느낀 워싱턴의 분위기는 그 같은 예상과는 사뭇 다른 것이었다. 나는 김 대통령보다 1주일 정도 앞서 워싱턴에 가서 미 국무부 한국과의 데이비드 그린버그 박사, 국방부 한국과장 제니퍼 월시 등 실무 관료들과 관련 연구소 전문가들을 만났다. 그들과의 대화를 통해 새로 들어선 부시 행정부의 북한에 대한 태도가 매우 강경함을 알 수 있었다.

심상치 않게 느껴졌던 분위기는 정상회담에서 그대로 반영되었다. 미국은 한국 정부의 햇볕정책에 대해 불신감을 드러냈다.

미국의 거대한 힘과 여유

북한 문제에 관해서는 전 주한 미대사였고, 지금은 코리아 소사이어티의 회장을 맡고 있는 도널드 그레그의 제안은 한국과 미국 정부가 귀 기울일 가치가 있다.

뉴욕 코리아소사이어티 사무실에서 만난 그레그 씨는 "북한과 관련한 양국 정부의 의제는 지금까지 분리되어 있었다"고 말했다. 그는 그것을 환자 한 사람을 의사 두 사람이 치료하는 것에 비유했다. 그는 "지금이야말로 북한 문제에 효과적으로 대처하기 위해 양국 정부가 협력을 강화해야 할 때다"라고 강조했다.

각급 정치인들과 민초 조직들의 지도자들을 만나면서, 미국의 '하의상달'bottom-up 정치의 개념을 확실하게 이해할 수 있었다. 또 주 정부 혹은 그 밑 단위의 행정은 약간의 예외적인 경우를 제외하고는 연방 정부로부터 독립되어 그야말로 자치적으로 이루어지고 있었다.

내가 만난 언론인들과 민간단체 리더들은 미국 정치에서 가장 심각한 문제점으로 '배타성'uncivil과 '돈 문제'를 꼽았다. 우리 정치의 문제점과도 상통한다. 한 언론인은 미국 정치인들이 자신의 견해와 다른 의견에 대해서는 아예 외면하는 것이 대체적인 분위기라며 탄식했다. 민간단체 리더들은 너무 엄청난 돈이 정치에 쏟아 부어지고 있다면서, 현재의 선거자금 모금제도를 반드시 개혁해야 한다고 주장했다.

민주당은 남부지역에서 민주당원들의 보수화 경향에 대한 문제를 어떻게 해결할 것인가를 놓고 고심하고 있었다. 남부지역 민주당원들의 보수화 경향은 어제 오늘의 일이 아니지만, 비일비재하게 일어나는 민주당 소속 주지사들과 의원들의 공화당 대통령 후보 지지 행태는 예사로이 지나칠 수 있는 문제가 아니기 때문이다.

공화당은 민주당에 현격하게 열세인 '인종정치'ethnic politics의 벽을 넘어 히스패닉, 흑인, 그리고 다른 소수민족에 조직적으로 침투해 들어가기 위한 틈새전략 짜기에 골몰하고 있었다.

캘리포니아 주 오렌지 카운티는 그 보수성으로 말미암아 매우 상징적인 지역이다. 그곳에서 만난 공화당 리더 토마스 휀테스 씨는 한국 정부의 햇볕정책에 대해 강한 우려를 나타냈다. 나는 그와의 대화를 통해 적지 않은 미국 여론주도층이 햇볕정책을 오해하고 있음을 알 수 있었다.

미국에서 민간 차원의 접촉 늘려야

이와 관련해 공화당 소속 기업가인 수 킨트 여사는 매우 유용한 제안을 했다. 한국의 정치인, 전 현직 고위관료 등 지도급 인사들이 오렌지 카운티 같은 지역에 와 민간차원의 접촉을 늘리면서 한국 정부의 대북 정책 방향을 설명하는 것이 무엇보다 중요하다는 것이었다.

예를 들어 기업인들이 주회원인 전국 조직 '월드 어페어스 카운슬' World Affairs Council에 와서 햇볕정책의 내용에 대해 설명하고, 질의응답 시간을 갖는다면 홍보 효과가 매우 클 것이라고 말했다. 실제로 그 단체는 우리 정부 쪽에 그런 의사를 표시했으나 아무런 반응이 없다는 것이었다.

그녀의 말은 매우 설득력 있게 들렸다. 우리 정책을 미국 정치에 반영시키려면 교포가 아닌 주류 사회에 속한 미국인들을 접촉하는 것이 중요하다. 미국 정치가 하의상달식 여론정치임을 감안한다면 정책 홍보를 위한 민간 차원의 접촉을 강화해야 함은 아무리 강조해도 지나치지 않을 것이다.

나는 IV 프로그램의 마지막 코스로 하와이에 있는 미 태평양사령부 CINCPAC를 방문해 브리핑을 받았다. 미 태평양사령부의 관심과 역할은 군사적인 측면에서의 안보 문제만에 국한되지 않는다. 전쟁 예방, 테러와 마약에 대한 대처에서 나아가 아시아 태평양 지역에 대한 인도주의 차원의 각종 지원, 그리고 경제개발과 환경문제 해결에 도움을 주는 활동을 펴고 있었다.

나는 브리핑을 듣고 나서 미국이 그토록 '위협적인 존재'로 규정하는 북한의 군사력을 어떻게 파악하고 있는지 물었다. 나는 정치적 판단보다도 북한의 위협력에 대한 객관적인 파악이 우선되어야 함을 강조했고, 여기에 따라 정책방향이 정해져야 한다는 의견을 피력했다. 사령부 사람들은 북한의 개방과 관련한 중국의 역할에 대해 관심을 표명했다.

나는 미국 방문 중 각 분야의 현장에서 실무를 담당하는 각 분야 전문가 70여 명을 만나 토론하는 시간을 가졌다. 그들은 지위 고하를 막론하고 나를 따뜻하게 환대했고, 나와의 토론에 진지하게 응해 주었다. 그들은 바로 민간 외교사절의 역할을 담당하며 초강대국 미국의 이미지를 높이고 있었다.

자원자들의 적극적인 봉사활동, 조직화된 민초들의 활발한 정치 참여, 다양한 분야의 수많은 민간 연구기관들, 국가 이미지 제고를 위한 장기적이고도 폭넓은 투자, 특히 국가 이미지 제고 프로그램에 민간인들의 자발적 참여 등을 보면서 미국의 거대한 힘과 여유를 다시 한번 확인할 수 있었다.

IV 프로그램을 통해 만난 사람들은 내게 소중한 자산이다. 이들과의 인연, 그리고 이 프로그램을 통해 내가 얻은 지식과 체험은 양국의 관계 증진에 어떤 형태로든 기여할 수 있을 것으로 믿는다.

프로그램에 따라 내슈빌에서 3~4일간 일정을 보내는 동안 일과 후 그곳에 유학 중인 딸 은영이와 가진 꿈 같은 데이트 시간은 항상 생각해도 행복한 추억이다.

(2001년 4월 4일자 〈코리아 타임즈〉에 기고한 글을 번역해 보완한 것임)

교예단 공연과
눈물의 의미

금강산 방문단 3진은 지난 6월 2일 오후 북한 땅에서 마지막 일정으로 모란봉 교예단의 공연을 관람했다. 화사한 미소에 아름다운 자태의 여인들과 금방이라도 관람석으로 튕겨져 나올 듯 힘이 넘치는 남성 단원들. 그들은 온 몸을 던져 손에 땀을 쥐게 하는 묘기와 위험한 곡예를 연출하며 시종 관객의 시선을 붙잡았다.

공연보며 치솟는 눈물

환호와 갈채 속에 펼쳐진 공연을 보면서 나는 울컥 치솟아 오르는 눈물을 참느라 혼이 났다. 공연을 즐겁게 보면 그만이지, 별로 감상적이지 않는 내가 웬 눈물인가. 나는 나중에야 그 눈물의 의미를 알았다.

분단 55년의 세월 동안 남과 북의 사람들은 서로 다른 체제 아래 다른 사고와 생활 방식을 강요당해 왔다. 서로를 주적主敵으로 규정한 가운데 오랫동안 증오하는 훈련과 교육을 받아 왔다.

따라서 남쪽의 우리가 '이북 사람들'에 대해 갖는 연상은 억눌림과 쪼들림, 유머 없는 딱딱함, 감시 속의 부자유, 경직된 부자연스러움, 길들여진 획일성, 계산된 언행과 생떼 부리기 등이었다.

그러나 나는 온 몸을 내던지는 북한 교예단의 공연을 보면서 그 같은 부정적인 이미지가 피상적인 것임을 알았다.

모든 전력투구는 아름답다. 진실을 담고 있기 때문이다. 나는 교예단원들이 전력투구하는 몸짓을 보면서 그들의 진실과 동족애를 보았다.

인간의 권력욕과 그것이 만든 제도가 쳐놓은 인위적인 장막을 걷어내면 그들도 우리와 똑 같았다. 동족의 피는 뜨거운 그리움으로 서로 합하려는 본성을 지니고 있음을 느낄 수 있었다.

동족애 확인한 감격

그렇다. 눈물의 의미는 그들은 바로 우리라는 사실에 대한 긍정이요, 동족애를 확인한 가슴 떨림이었다. 동족의 피는 인위적으로 만든 이데올로기와 체제의 벽을 뚫고 서로 합하려고 치열한 투쟁을 벌이고 있었던 것이다.

눈물의 의미를 처음에는 몰랐던 까닭은 머리보다는 가슴이 그것을 먼저 감지했기 때문이다. 세계 각국을 순회했을 교예단원들 역시 외국인이 아닌 동포 앞에서의 공연이었기에 분명 감흥이 달랐으리라.

한 지도자의 확고한 철학과 비전은 그 인위적 장벽을 허무는 물꼬를 트기에 이르렀다. 세계 어느 지역보다도 멀었던 서울·평양간 거리는 이제 있는 그대로의 거리를 회복했다. 미움과 대결의 공간이었던 판문점은 화해와 협력의 현장으로 바뀌고 있다.

　이제 막 터진 물꼬는 점점 큰 흐름을 이루어 갈 것이다. 동족의 피는 서로 합하려는 본성을 갖기에.

(2000년 6월)

굼머스바흐의
추억

1999년 4월, 나는 독일 나우만 재단이 주최한 세미나에 참석했다. 쾰른에서 얼마 안 떨어진 굼머스바흐라는 작은 도시에 있는 데오도르 호이스 아카데미에서 2주 동안 열린 세미나에는 22개 나라에서 26명의 대표가 참석해 서로 의견을 교환하고, 토론하고, 우정을 나눴다.

세미나의 주제는 「언론과 정보의 자유」였다. 아시아, 동유럽, 아프리카, 라틴아메리카에서 온 참석자들은 대부분 언론인들이었고, 그들 중 일부는 대학교수, 변호사 혹은 사회단체에서 활동하는 사람들이었다. 20년 가까운 언론 경력을 가진 내게 세미나 주제는 매우 흥미로운 것이었다.

그때까지 국제기자연맹IFJ과 '젊은 전문인들의 회의'Young Professionals Conference 등 국제회의와 세미나에 한국 대표로 참석한 적이 수차례 되지만, 굼머스바흐 세미나처럼 재미있고, 유익한 적은 일찍이 없었다.

강의 내용도 다양하고 재미있었지만 옛 동독 지역으로의 학습여행은 매우 유익한 것이었다.

여기서 잠깐 나우만 재단에 대해 소개한다. 프리드리히 나우만 재단은 자유주의 정치재단이다. 1958년 데오도르 호이스 초대 독일 연방공화국 대통령에 의해 창설된 이 재단은 20세기 초 개신교 신학자이며 당대 선도적인 자유주의 철학자이자 정치가였던 프리드리히 나우만의 사상을 기리기 위해 그의 이름을 따라 명명되었다.

나우만 재단은 자유주의 사상 전파와 정치교육에 역점을 두고 활동하고 있다.

자유주의는 개인 권리 존중과 직결

자유주의적 정책의 목표는 바로 모든 시민들이 개방된 사회에서 자유로운 삶을 영위하는 것이다. 자유가 없다면 그 이외의 다른 인간주의적 가치관들도 실현될 수 없고, 인간의 정신은 쇠락하며, 문화와 과학은 부패하고, 경제는 활기를 잃게 된다는 것이다.

따라서 자유주의 정책은 개인의 권리에 대한 존경심을 함양할 뿐 아니라 삶의 모든 영역에서 시민들의 자유 확대를 도모하고, 국가의 역할은 필수불가결한 업무로만 제한하기 위해 힘쓴다.

또 나우만 재단은 정치교육에 진력하고 있는데, 그 중심 사상 중 하나는 민주주의가 성공적으로 기능하기 위해서는 정치적으로 정보화되어 있고, 정치적 교양이 풍부한 국민이 필요하다는 것이다. 따라서 이 재단은 정치교육을 정치참여, 나아가 민주주의의 전제조건으로 받아들인다.

이렇게 보면 세미나 주제인 언론과 정보의 자유는 바로 나우만 재단이 추구하는 목표와 잘 부합된다.

구동독 지역으로 수학여행 중 우리 일행은 노르드하우센에 있는 유태인 포로수용소를 둘러보았다. 그곳에 갇혀 극심한 굶주림과 고문 속에서 비참하게 죽어 가는 유태인들의 비명소리가 생생하게 들리는 듯했다. 당시 히틀러 치하의 독일이 유태인을 가둬 두고, V2 로켓을 개발한 지하감옥을 지나면서 인간이 얼마만큼이나 잔인해질 수 있는가를 실감할 수 있었다. 마침 우연하게도 전쟁 중 연합군 소속으로 그 포로수용소를 접수했던 노병 3명이 그곳을 방문해 당시의 처참한 실상을 설명해 주었다.

구동독 지역에서 특히 인상적이었던 것은 동독이 붕괴한 직후 그 지역 '시민위원회' 활동이었다. 당시 이 위원회의 멤버였던 사람이 시민위원회가 모든 정당들과 시민단체들이 참석한 가운데 이른바 '원탁회의'를 주도하면서 동독 정권이 무너진 직후의 무정부 상태를 통제했다고 증언했다. 공권력이 없어진 혼란스러운 상황에서 시민들이 자발적으로 회의체를 구성해 사회의 질서를 바로잡고, 비밀경찰로 활동했던 소위 '스타지'Stage들을 적발하는 등 눈부신 활동을 했는데, 이는 그들의 성숙한 시민의식을 입증하는 것이다.

매일 매일의 세미나 일정이 끝나면 참석자들은 저녁식사 후 대개 데오도르 호이스 아카데미 건물 지하 1층의 바에 모여 맥주나 칵테일을 마시며 대화하고 우의를 다졌다. 가끔은 몇 명씩 짝을 지어 아카데미 바로 밑의 '니델세스마르'라는 작은 마을에 가서 맥주와 음악을 즐기기도 했다. '까짓 것, 얼마나 나오랴.' 가끔 같이 있는 친구들에게 맥주를 한잔씩 돌리면, 그들은 기절할 듯 좋아했다.

언론 자유의 소중함 다시 확인

나는 하루 저녁을 잡아 바에서 일하는 사르비나라는 이름의 여자에게 말해 라틴음악 테이프를 가져오게 했다. 그리고 그 며칠 전 안내판에다 "라틴아메리카 춤의 밤'Latin American Dancing Night에 많이 참석해 주기를 바란다"고 썼다. 그날 저녁 세미나 참석자들은 물론 강사들까지 모두 참석해 춤을 추면서 매우 흥겨운 시간을 가졌다.

나는 아카데미에 도착한 바로 다음날부터 아침 조깅을 했는데, 하루 뒤에는 멕시코에서 온 변호사 에스테반이 동참했고, 그 다음 날에는 이집트에서 온 언론인 모하메드와 페루에서 온 여기자 루즈 마리아가 동참했다. 세미나 기간 중 매일 아침 그들과 함께 조깅하는 것도 큰 재미 중 하나였다.

나는 세미나에 참석한 동료 몇 사람에게 별명을 붙여 주었다. 아르헨티나에서 온 정당인 파쿤도는 외모가 축구선수 마라도나를 꼭 닮아 'Mr. Maradona', 프로그램 진행자인 베르그스트레서 박사는 미국 배우 척 노리스와 흡사해 'Mr. Chuck Norris', 루마니아에서 온 학자 조지는 토론을 잘해 'Mr. Horrible Debater', 브라질에서 온 변호사 파비아노는 'Mr. Dangerous', 혼두라스에서 온 키 큰 여기자 인디라는 'Miss Beautiful, Intelligent and Big'으로 애칭을 붙였다. 그 후부터 참석자들은 이름 대신 그들의 애칭을 부르는 것이었다.

처음에 나는 인디라의 애칭을 'Miss Big'으로만 했으나, 그녀의 강력한 요청으로 'Beautiful'과 'Intelligent'를 추가했다. 어느날 파비아노가 다소 불만스런 표정으로 자기 별명을 왜 Mr. Dangerous로 붙였느냐고 물었다. 나는 그 단어를 긍정적인 의미로 사용했다고 설명했다. 나는 "우리 젊은이들은 기존 질서와 체제에 도전하고, 모험하기에 충분할 정도로 위험스러워야 한다. 그것이 바로 개척정신pioneer spirit이다"고 그에게 말했다. 그러자 그는 고개를 끄덕였다.

동료 몇 사람은 서로 상의 끝에 내게 'Mr. Honest & Sincere'(정직하고 진지한 사람)이란 별명을 붙여주었다. 나는 지금도 이 별명을 매우 자랑스럽게 생각한다.

굼머스바흐 세미나는 가장 아름답고 재미난 추억 중 하나다. 나는 그 세미나를 통해 언론 자유의 소중함을 다시 확인했다. 그렇다. 민주주의와 언론자유는 한 동전의 양면이다. 같은 맥락에서 자유주의는 표현의 자유, 인권, 민주주의 그리고 시장경제에 직결된다고 할 수 있다.

아카데미 숙소의 내 방은 니델세스마르 마을이 그대로 내려다보이는 위치에 있었다. 어느 날 아침 나는 잠에서 일찍 깨어나 잠자는 작은 마을의 모습을 보았다. 그 순간 나는 완벽할 정도의 평화를 느꼈다. 잠자는 니델세스마르의 평화로운 장면은 지금도 내 가슴에 생생하게 살아 남아 있다. 푸르고 넓은 초원, 4월에 쏟아져 내린 흰 눈 그리고 사랑하는 동료 참석자들과의 우정과 함께.

(1999년 4월 28일자 〈코리아 타임즈〉에 기고한 내용을 번역해 보완한 것임)

국민에게는
책임이 없는가

정치권을 비난하는 목소리가 드높다. 정치 불신이 극에 달한 느낌이다. 가뜩이나 IMF에 가위 눌린 민심이 직무 유기의 국회에 대해 분개하기 시작한 것은 이미 오래 전. 엎친 데 덮친 격으로 수마에 할퀸 민심은 급기야 정치권을 과녁 삼아 분노를 폭발시키고 있다. 정치 불신이 비단 어제 오늘의 일은 아니지만 요즘처럼 정치권을 향한 원성이 높은 적도 드물었던 듯하다. 국민의 처지에서는, 온 나라가 국난과 천재를 당했는데도 국회가 공전과 파행, 곡절과 파란을 거듭하는 모습을 보면서 정치가 국민의 아픈 곳을 어루만져 주기는커녕 오히려 상처에 소금을 뿌리고 있다고 받아들일 법하다.

'여름 내내 헛돈 국회' '국회 반년간 한 일 없다' '파행 국회에 국민 분노' '국회가 국민을 버렸다' '정부 수립 50주년에도 국회 공전' 같은 신문 기사 제목들은 정치권을 향해 격앙한 민심과 따가운 질책을 그대로 반영한다. '국회 해산' '국회와 의원 퇴출'이라는 말들이 서슴없이 등장하고, 시민 단체들은 국민소환제 입법 청원 운동, 세비 가압류, 손해배상 청구 소송을 제기하는 단계에까지 이르렀다.

아닌 게 아니라 국민의 정부가 출범한 이후 한국 정치는 국민을 짜증나게 했다. 김종필 총리서리 인준 문제에서 꼬이기 시작해 의원 빼가기 실랑이를 거쳐, 국회의장직을 어느 당이 차지하느냐, 총리 인준안 재제출이냐 재투표냐, 마지막에는 상임위원장 배분 흥정과 노른자위 상임위 차지하기 싸움 등 산 넘어 산 식이었다. 지루하고 소모적인 협상 끝에 가까스로 국회 정상화 물꼬가 트이기는 했지만 국회내 역학 구도와 의원들의 사고 방식에 근본적인 변화가 없는 한 앞으로도 정치가 다시 뒤엉킬 개연성은 얼마든지 있다.

언제부터인가 한국 정치는 타락의 대명사, 혐오의 대상이 되었다. 정치인은 신뢰하지 못할 사람 첫 순위로 꼽힌다. 이와 함께 수많은 사람이 정치를 비난할 뿐 아니라 정치에 무관심한 것을 자랑삼아 이야기하곤 한다. 나는 이 대목에서 한 가지 의구심을 갖는다. 정치를 경멸하는 적지 않은 사람들이 부지불식간에 그 정치를 책임지지 않는 자리에 스스로를 설정하고 있는 것은 아닐까 하는 점이다. 그들의 정치 무관심과 경멸은 추악한 정치 현실로부터 스스로를 애써 격리함으로써 자신을 그 '지저분한 무리'와 차별화하려는 심리와 상통하지 않을까. '정치인들은 모두 다 개새끼들'이라고 욕설을 퍼붓는 사람들 가운데 일부는 정치인의 존재 이유가 자신과는 아무런 상관이 없다고 생각하는지도 모른다.

우리는 과연 확실한 기준을 가지고 투표했는가

독자들은 오해 없기 바란다. 나는 지금의 한국 정치를 옹호하고 싶은 생각은 추호도 없다. 앞서 말했듯이 지금의 정치권은 비난받아 마땅하다. 그러나 너도나도 정치인과 정치권을 마구잡이로 매도하고 혐오의 대상으로 몰아붙이면서 자신은 전혀 책임이 없다는 식의 태도에는 찬성할 수 없다. 나는 "모든 국민은 스스로에게 가장 어울리는 정치를 갖는다"는 제임스 브라이스의 말에 공감한다. 한 나라의 정치는 결국 국민의 수준에 귀결된다.

수준 미달 정치인을 과연 누가 뽑았는가. 금품 타락 선거는 유권자와는 무관한 것인가. 우리는 확실한 기준과 안목을 가지고 한 표를 던졌던가. 여론조사에 나타난 정치인의 자질은 청렴과 도덕성, 비전, 능력, 개혁성 순이다. 그러나 정작 투표할 때는 그것과 동떨어진 소속당, 학연, 지연, 당선 가능성 등을 기준으로 삼지 않았을까. 우리는 뽑은 다음 그들의 활동을 잘 감시하고 있는가. 흔히들 정당은 서로 다른 이념과 정책으로 경쟁해야 한다거나, 정당 구도가 보수 대 진보의 구도로 짜여야 바람직하다고 말한다. 하지만 우리 정치 풍토에서 진보 노선을 표방한 당이 자리를 잡을 수 있는가. 우리 국민은 몇 차례 실험에서 그같은 구도를 허용치 않았다. 당위적 이론과 현실적 선택은 딴판이었다.

정치가 국민의 수준이라면, 그리고 우리 스스로 국민의 한 사람임을 인정한다면 지금 돌팔매질을 당하는 한국 정치는 바로 내 수준이요, 그 일정 부분은 내 책임이라는 사실을 인정하자. 정치권과 정치인을 호되게 나무라되 국외자로서 매도할 것이 아니라 참여자로서 비판하자는 말이다. 정치를 경멸하는 국민은 경멸당할 수밖에 없는 수준의 정치를 가질 뿐이다. 본질적으로 정치의 질은 정치인의 정신 차리기에 의해서가 아니라 국민의 정치 의식과 수준에 따라 결정된다.

(1998년 8월)

멋과 여유의
정치를 위하여

미국 대통령 선거전이 막바지로 치닫던 2001년 10월 초
의 일이다. 민주당 후보인 클린턴과 공화당 후보인 돌이 제1차 텔레
비전 토론에서 격돌했다. 그들은 각 쟁점에서 전문가 못지 않은 해박
한 지식과 식견을 피력했고, 상대방의 정책에 대해 반박하고 재반박
하면서 토론의 진수를 맛보게 했다.

토론이 끝나갈 무렵 사회를 보던 공영방송 〈PBS〉의 앵커, 짐 레러
는 돌에게 클린턴의 '사적인 문제'에 대해 말하려면 하라고 주문했다.
말할 것도 없이 말썽 많은 클린턴의 여자 관계 추문을 공격하라는 부
추김이었다. 그러자 돌은 "언론과 여러 사람이 상대 후보의 여자 문제
에 대해 시비하고 있다는 것을 잘 안다. 그러나 나는 그의 사적인 문
제에 대해 묻지 않겠다"라고 말하면서 깔아 준 멍석을 거부했다. 그의
인물됨이 돋보이는 순간이었다.

물론 돌이 클린턴의 여성 관련 추문을 공격하지 않은 것은 그의 인

품이 훌륭해서라기보다는 정치적 계산과 전략적 고려 때문이었을 것이다. 그러나 최소한 겉으로 드러난 그의 태도는 관전자들로 하여금 정치의 멋과 여유, 그리고 정치인의 기품을 느끼게 했다. 더욱이 당시 돌은 지지율에서 클린턴에 비해 15% 포인트 넘게 뒤져 매우 절박한 처지였기 때문에 그의 여유는 더욱 돋보였다.

그럼 우리는 어떤가. 대선을 앞두고 각 정파가 벌이는 진흙탕 싸움은 한 치의 여유도 허락지 않는다. 시정 잡배의 멱살잡이식 싸움 속에서 국민의 택함을 받은 정치 엘리트들은 오직 강경 일변도로 치닫는 조직의 한 부속품일 뿐이다. 선량選良으로서 최소한의 양식을 보였다가는 그가 속한 집단으로부터 '이완용'으로 몰릴 판이다. 거기에는 자신에게 독약이 될지도 모르지만 상황 반전을 위해 우선 들이밀고 보는 다급함이 있고, 죽어도 정권은 못 내놓겠다던가, 무슨 수를 써서라도 정권을 쟁취하고야 말겠다는 살벌함이 느껴진다. 가히 지금의 우리 정치는 흠집내기, 뒤집어씌우기, 이판사판, 아귀다툼, 극단주의, 벼랑끝 결투, 극약 처방 따위 단어로 묘사될 만하다. 그 연장선상에서 '부정 축재'와 '완전 조작'이 맞부딪친다.

신한국당은 이른바 '김대중 비자금 폭로'라는 비장의 카드를 내놓았으나 별 재미를 못 보는 듯하다. 그것은 여론 조사가 입증한다. 왜 그런가. 이유는 간단하다. 92년 대선 때 여당이 야당보다 자금을 훨씬 많이 썼다는 것이 정치권의 상식이고, 그 상식을 대다수 국민이 알고 있기 때문이다. 이것이 문제의 핵심이다. 그것이 정치 자금이냐, 축재냐, 혹은 자료 수집 과정이 불법이 아니냐는 것은 그 다음 문제다. 다른 것이라면 몰라도 여당이 그 대목을 시비한다는 것이 국민을 설득하지 못한 것이다. 국민의 눈에는 여당이 더 많은 돈을 쓰고서도 노출

된 증거가 없다고 오리발을 내밀면서, 거꾸로 상대를 정죄하는 모습으로 비친 것이다.

정치판은 진흙탕 싸움, 정치 냉소주의 낳을까 걱정

어차피 정치에는 권모술수와 정략적 요소가 끼기 마련이다. 그것이 정치의 현실적 측면이다. 정치인과 정당은 자신의 정치적 목적과 이익을 그럴듯한 구호로 포장해 국민의 지지를 얻기 위해 노력한다.

그 정치 상품과 정책이 국민과 시대의 요구에 부합하면 호응을 얻을 것이고, 먹혀들지 않으면 전략을 바꾸는 것이 순리다. 민주 국가에서 정치의 모양과 내용은 국민과의 상호관계에서 설정되는 것이다. 국민이 받아들이지 않는데도 고집한다면 그것은 강짜부리기와 다름이 없다.

일반적으로 우리 사회에서 정치는 협잡이요, 정치인은 가장 믿을 수 없는 사람으로 인식된다. 언제부터인가 우리 정치에는 각박함이라는 부정적인 이미지가 한 가지 더해진 듯하다. 요즘 국민은 정치판으로부터 쉴새없이 나오는 금속성 마찰음에 시달리는 실정이다. 이렇게 되면 국민은 정신 건강을 위해서라도 점점 더 정치를 외면하지 않을까 걱정스럽다.

정적의 최대 약점을 건드리지 않는 것이 정치의 여유이고 묘미이다. 제스처라도 좋다 .여유를 보이려고 애쓰는 후보들의 모습을 보고 싶다. 낙선한 돌이 재취임한 클린턴으로부터 명예훈장을 받은 장면을 우리 나라에서도 기대하는 것은 나의 한낱 허황된 꿈일까.

(1997년 10월)

제6부
은영아, 너의 너된 것은 기적이었다
_가족·교육·신앙

아내가 있었기에
이길 수 있었다

결혼 1년여 후인 86년 6월 우리는 서울 사당동에서 인천 부평으로 이사했다. 그리고 나는 89년 여름 10년 가까이 근무했던 한국일보사를 떠나 종합 시사 주간지 〈시사저널〉 창간 팀에 합류했다. 국내외에서 신망이 높은 이 시대의 탁월한 언론인 박권상 선생이 편집인으로서 새로운 형태의 언론 창간을 주도하고 있다는 점이 내가 선뜻 전직을 결심할 수 있었던 가장 중요한 요인이었다.

〈시사저널〉에 근무하던 1991년 4월말부터 2주 동안 나와 아내는 뉴질랜드 외무성 초청으로 뉴질랜드를 방문했다. 오클랜드 공항에 도착하자 뉴질랜드 외무성의 한국 담당자가 우리를 영접했고, 그는 2주 동안 우리를 완벽하게 에스코트했다. 오클랜드, 로토루아, 웰링턴, 크라이스트 처치, 퀸스 타운을 거치면서 우리는 그 나라 정부의 손님으로서 VIP 대접을 받았다.

우리는 정부 기관, 경제 단체, 금융 기관, 경제 연구소, 임업 연구

소, 각종 고기 공장 등을 방문해 실무자들과 토론하는 외에 관광하는 시간을 가졌다. 그 중에서도 특히 로토루아 호수에서의 송어 낚시, 그리고 축산을 하는 한 가정에서 홈스테이home stay하면서 보낸 인상적인 밤을 잊을 수 없다. 나는 뉴질랜드 정부 초청으로 방문하게된 기회가 그동안 아내의 고생에 대해 다소간의 보답이 되었을 거라는 생각을 해 보기도 했다.

5월초 김포공항에 도착하던 날은 아내가 2년간 직장을 쉬었다가 새 직장에 첫 출근하는 날이었다. 새벽에 공항에 도착하자마자 우리는 각자의 직장으로 향했다.

서울 양재동으로 이사한 것이 1991년 10월. 모든 것이 순탄했다. 그러던 중 1995년 5월 〈시사저널〉 정치부장을 맡고 있던 나는 워싱턴 특파원 발령을 받았다. 축복이었다. 우리 네 식구는 살던 집을 세주고, 전세금 전부를 사업하는 바로 밑 동생에게 주고 워싱턴으로 떠났다.

우리는 버지니아 훼어팩스에 거처를 정하고 미국 생활을 시작했다. 한국에서보다 가족과 어울리는 시간이 훨씬 많았다.

그러던 중 1995년말 사건이 터졌다. 미국에서가 아니라 한국에서 일이 벌어졌다. 동생의 사업이 부도가 난 것이다. 우리 가정에 미치는 여파가 컸다. 동생의 은행 대출을 위해 담보를 들었던 서울 양재동 집은 처분될 수밖에 없었다. 문제는 그 다음이었다. 동생이 다른 금융기관에서 대출할 때 내가 연대보증을 섰기 때문에 내 봉급의 절반이 차압당하게 되었다. 불행이 우리를 향해 뚜벅뚜벅 걸어오고 있었으나 내가 할 수 있는 일은 아무 것도 없었다. 두 눈을 뜬 채 그대로 당할 수밖에 없는 무력감이여.

나도 나이지만 아내의 심정은 오죽했겠는가. 그러나 아내는 놀랍도록 꿋꿋했다. 그녀는 흔들리지 않았다. 내가 상심해 있을 때 오히려 나를 위로하며 격려했다. 악조건 하에서 우리는 서로에게 용기를 북돋우며 2년 남짓의 미국 생활을 누리기에 노력했다. 그러나 여행을 하든, 파티에 초청되어 가든, 무엇을 하든 간에 내 마음은 가위눌린 듯한 느낌을 떨쳐버릴 수 없었다.

워싱턴 특파원 직무를 마치고 귀국하는 길에 우리 가족은 LA를 들렀다. 서부여행을 하기 위해서였다. 샌프란시스코를 여행하는 중 우리는 스탠포드 대학교 도서관에서 벨을 하나 샀다. 그 이유가 있다. 스탠포드는 아내와 나를 맺어준 곳이기 때문이다. 그렇다고 우리가 그 대학에 유학한 것은 아니다. 내 직장 상사였던 김명식 씨(코리아타임스 편집국장, 해외홍보원장 역임)와 아내의 큰 형부인 정준호 씨(국방대학원 교수, 국방부차관 역임)는 1980년대 초 같은 기간에 그곳에서 연수를 했는데 각각 나와 아내를 신랑, 신부감으로 서로에게 소개했던 것이다. 지금도 우리집 문에는 그 벨이 걸려있다. 문을 열면 항상 '스탠포드의 벨'이 울린다.

한국에 돌아와서도 암담했다. 앞뒤 좌우가 꽉 막힌 상태에서 온 몸이 옥죄어 오는 듯했다. 직장에서 한때 가장 잘 나가던 나의 위상은 말이 아니었다. 졸지에 천덕꾸러기로 전락했다.

회사 측에서는 직원의 월급이 차압당하는 것을 용납하기 어려웠을 것이다. 나가주었으면 하는 눈치였다. 우선 나로서도 봉급 절반이 차압당한 상태에서 생활이 되지 않았다.

아내의 진가는 어려운 때 더 빛났다. 동생의 부도 여파로 다른 동생들도 크든 작든 손해를 당한 터였다. 우애가 좋기로 유명한 형제간의 관계가 부지불식간에 서먹서먹해졌다. 하루는 아내가 시동생들과 동서들을 집으로 불러 한데 모이게 했다. 그리고 음식을 대접한 후 이렇게 말했다. "지금 우리 가족은 물과 불 속을 통과하고 있다. 그러나 어려운 시절은 어차피 지나간다. 지금의 어려움 때문에 관계가 서로 서먹해 진다면 우리가 회복되었을 때 얼마나 후회할 것인가. 지나갈 불행 때문에 더 소중한 것을 잃지 말자."

아내의 노력으로 우리 형제들은 다시 하나가 되었다.

아내는 다시 직장에 나갔다. 그리고 '보이지 않는 손'의 도움으로 시간이 흐름에 따라 문제가 하나하나 해결되어 갔다. 그 시련을 통해 나는 아내에 대한 신뢰감이 더욱 돈독해졌고, 부부의 관계는 더 공고해졌다고 믿는다. 아내에게 너무나 감사하게 생각하는 것은 언제나 내 뜻을 존중해 준다는 점이다. 아내는 자신에게는 엄격하되 내게는 관대했다. 내가 정치의 길을 가려고 할 때도 그녀는 반대하지 않고 나의 뜻을 존중했다. 아내는 가장 신뢰하는 동역자이자 나의 버팀목이다.

(2003년 1월)

은영아, 너의 너된 것은 기적이었다

은영이가 대학에 들어간 것이 2004년 8월이니까 벌써 1년이 지나갔구나. 네가 내슈빌에서 고등학교를 졸업하고 이모 집을 나오게 될 때 아빠와 엄마는 많은 걱정을 했었다. 이제 보호자가 없이 모든 것을 혼자서 결정하고 스스로 책임있게 행동해야 하기 때문이지.

그러나 얼마 안 돼 우리는 그것이 기우라는 것을 알게 되었다. 무거운 짐을 가지고 사우스캐롤라이나주 찰스턴공항에 새벽 1시가 넘어 도착했을 때부터 하나님은 네가 내슈빌에서 알았던 후배의 가족을 그곳에 미리 보내어 인도하셨지. 너의 길을 예비하고 계셨던 거야.

찰스턴대학교Charleston Southern University에 입학한 지 몇주가 지난 후 너는 내게 전화를 했었지. 네가 1학년 대표로 출마하겠다고 해서 나는 깜짝 놀랐다. 어떻게 그런 생각을 했을까 하고 말이다. 그때 너는 학생들 앞에서 할 스피치에 대해 자문을 구했고, 나는 몇가지 조언을 했었지. 너는 친구들과 함께 밤새 포스터를 그려 교내 곳곳에 붙였고, 그들과 함께 2주

동안 돌아다니면서 선거 캠페인을 벌였다고 했지.

결국 너는 당선되었어. 이로 인해 너의 활동 반경은 넓어졌고, 대학 생활을 멋지게 할 수 있는 바탕이 되었지. 무엇보다도 네가 선거과정을 통해 함께 하시는 하나님을 체험했다고 했을 때 참으로 반가웠단다.

공부하라, 학생회 활동하라, 교회 봉사하라, 방문자를 위한 교내 가이드하라, 태권도 하라, 눈코 뜰 새 없이 바쁜 중에 시간을 쪼개고 쪼개면서 최선을 다하는 네 모습을 보면서 참으로 자랑스럽고 대견스럽게 생각한단다. 네가 동료 학생들과 교수님들에게 사랑을 받고, 힘들지만 보람 있고 만족스럽게 생활하고 있다니 너무나 감사한 일이다.

그로부터 6개월쯤 지났을까. 또 선거에 출마한다고 해서 아빠는 의아해 했었단다. 이번에는 학생회 집행부 일원인 총무Secretary/Treasurer를 뽑는 선거라고 했지. 주위에서 학생들과 교수님들이 나가라고 권유해서 "울며겨자 먹기"식으로 출마하긴 했는데, 상대가 너무 강할 뿐 아니라 힘이 들어서 중간에 포기 하겠다고 했었지. 그때 나는 "선거는 질 수도 있는 것인데, 시작한 일이니 절대 그만두지 마라. 지금도 하나님께서 일하고 계심을 너는 체험하고 있지 않느냐. 모든 것을 하나님께 맡기고 최선을 다해라"고 당부 했었지.

선거 결과 너는 표수가 상대의 3배를 넘는 압도적인 승리였다고 해서 나는 깜짝 놀랐고, 참으로 네가 자랑스러웠다. 너는 그 과정을 통해서 순간 순간 살아 계신 하나님의 역사를 생생하게 체험했다고 했지. 너무 힘들어 스스로 감당하기 어려울 때 모든 것을 하나님께 아뢰고 응답받았다고 했지. 그로 인해 한없는 위로를 받고, 새 힘을 얻는다고 했었다. 그것은 얼마나 소중한 경험인지 모른다.

엄마는 마음이 침체될 때마다 은영이와 통화를 하면 위로받고 새 힘을 얻는다고 한다. 너의 살아 있는 간증이 그만큼 힘이 있는 거겠지. 아빠 역시 마찬가지란다.

유학생들 가운데는 외로움과 스트레스를 이기지 못해 마약과 알코올에 빠져드는 경우도 있다고 들었다. 은영이는 학교에서 당당한 리더로서 활동할 뿐 아니라, 신앙에 대해 의구심을 가진 친구들을 상담해 주며 그들에게 확신을 심어 주고 있다니 놀라운 일이다. 은영아, 네가 리더가 된 것은 너의 적극적인 생활태도와 봉사정신, 그리고 남에 대해 배려하는 마음을 동료학생들이 인정한 거라고 믿는다.

사실 은영이가 아빠, 엄마와 함께 살 때는 참으로 심란한 경우가 많았었고, 너의 앞날을 생각하며 얼마나 안타깝게 생각했었는지……. 당시에는 너를 위해 기도는 많이 했지만 그때마다 커다란 벽을 느끼곤 했었다. 하지만 오늘의 은영이를 보면서 하나님이 우리의 기도를 외면하지 않으셨음을 실감하고 있단다. 너를 보면서 하나님의 살아 계심을, 하나님이 우리 가족을 얼마나 사랑하시는지를 다시금 확인하고 있단다.

은영아, 너의 너 된 것, 그것은 정녕 하나님의 은혜요, 기적이었다.

(2005년 7월)

＊다음해 은영이는 그 대학의 총학생회장이 되었다.

나의 사랑,
내 사랑하는 아들 경민아!

경민아, 네가 미국유학을 위해 테네시주 네슈빌에 있는 이모집으로 떠난지 딱 한달이 되었구나. 네가 학교 공부를 따라가지 못할까봐 걱정을 많이 했었다. 말이 잘 들리지도 않을 거고, 한참 헤맬 텐데 하고 말이다.

그러나 예상외로 적응을 잘하는 것 같구나. "할 만하다"는 경민이의 말과 "그런대로 잘하는 것 같다"는 이모의 말을 듣고 어느 정도 안심이 된다. 어렸을 때 미국에서 생활했던 경험이 도움이 되는 것 같구나.

아빠는 월요일부터 4일간 휴가를 얻어 기도원에 들어갔다가 왔다. 영광 현숙이 고모와 함께 갔다 왔지. 원래 계획은 수요일 오전에 내려오려고 했는데 일정을 앞당겨 화요일 밤에 돌아왔지.

이번에 기도원에 들어간 목적은 크게 두 가지였다. 첫째, 아빠가 10월 22일 장로 장립을 받는데, 마음의 준비를 위함이었다. 둘째는 경민이를 위해 집중적으로 기도하기 위해서였지.

11개월전, 8개월전에도 그 기도원에 가서 하나님께 매달렸었는데, 그 때는 여러모로 힘든 때였었지. 그래서 감회가 새로웠단다.

나는 내 길을 열어주신 하나님께 감사를 드렸지. 그리고 곤고한 때를 잊지 않게 해 달라고 기도했다. 기도 중에 경민이의 앞날도 형통할 것이라는 확신을 가질 수 있었다.

기도원에서 들은 설교 말씀 중에 요셉에 관한 말씀이 있었는데, 참 좋았단다. 아직까지 요셉에 관해서는 수십 번을 들었을 텐데, 이번 설교는 참으로 가슴에 와 닿는 말씀이었다.

경민이의 미국 이름을 Joseph으로 정했기 때문인지 더 실감나게 들렸다. 경민이의 미국 이름이 Joseph으로 결정된 것은 분명 하나님의 뜻이라고 나는 믿는다. 모든 믿는 자에게는 아무리 작은 일이라도 하나님께서 개입하시기 때문이지.

요셉의 본받을 점은 바로 이것이었다. 첫째, 요셉은 죄를 짓지 않았다. 보디발 아내의 유혹을 물리쳤지. 그런데 자신의 힘으로가 아니라 하나님께 기도하고 의지함으로 그 유혹을 뿌리치고 죄를 안 지을 수 있었다.

둘째, 요셉은 어떤 경우에도 불평하지 않았다. 억울하게 옥살이를 하게 되었지만 불평하거나 원망하지 않았다. 대신 어떤 경우에도 감사하기에 노력했다. 불평, 불만 속에서는 하나님의 역사가 없다.

셋째, 요셉은 어떤 처지에서도 최선을 다했다. 보디발 집에서는 노예로서 최선을 다했고, 감옥에서는 죄수로서 최선을 다했다. 하나님은 그를 애굽의 총리가 되게 하셨고, 그는 총리로서 최선을 다했다.

넷째, 요셉은 기도를 많이 했다. 경민아 전지전능하신 하나님은 우리의 기도, 경민이의 기도를 들어주시는 분임을 확실하게 믿기를 바란다. 그리고 마음을 털어놓고 기도하기 바란다. 어려울 때도, 일이 잘 풀릴 때도,

기쁠 때도, 슬플 때도 기도함으로 하나님과 더욱 더 친해지기를 간절히 바란다.

경민아, 너의 앞길을 우리의 하나님이 인도하고 계심을 나는 확신하고 있다. 경민이가 미국으로 가게된 것, 그리고 이번에 가게 된 것, 이것이 하나님의 뜻이라고 믿는다.

그전에는 여건이 되지 않아서 경민이의 유학을 엄두도 못 냈었지. 그리고 너무 늦었다고 생각했었지. 그런데 아니야. 이때가 가장 적절한 때, 하나님의 때였다는 믿음을 갖게 된단다.

경민아 용기와 자신감을 가지고 담대하게 나아가라. 경민이의 앞날은 너무도 밝다. 하나님께 기도하며 주어진 환경 속에서 최선을 다하기 바란다. 승리는 경민이의 것이다.

그럼 다음에 또 쓰기로 하자. 경민이의 답장을 기다린다. 안녕.

_경민이를 사랑하는 아빠가
2005년 9월 7일 쓰다

강남·치맛바람·
믿음

      1991년 10월 우리 가족은 부평에서 양재동으로 이사했다. 그리고 5개월 후 딸이 초등학교에 입학했다.

    그런데 한 가지 문제에 부딪혔다. 아내가 한 달에 한 번씩 참석하는 반상회에서 자녀들의 학교 생활과 교육 문제가 화제에 오르는 때가 많았나 보다. 이야기를 들어 보니 자녀를 담임하는 선생님에게 정기적으로 사례금을 주는 것이 통례인 모양이었다. 아내는 우리 딸의 경우 어떻게 해야 할지 모르겠다고 걱정했다. 자기는 그런 일은 쑥스러워서 도저히 할 수 없다는 것이었다. 물론 나 역시 돈 봉투와 치맛바람 이야기를 처음 듣는 것은 아니었다. 하지만 그런 이야기를 언론 보도를 통해 접할 때마다 거부감을 느끼곤 했었다.

주느냐, 안 주느냐 이것이 문제로다

이제와 생각해보니 그것은 제3자로서 느끼는 지극히 교과서적인 거부감이었다. 그런데 딸의 입학과 더불어 막연한 거부감은 선택을 강요하는 구체적인 현실로 다가왔다. 나는 친구들 모임에서 슬며시 그들의 의향을 떠 봤다. 그들 역시 선생님께 봉투 주는 일이 당연하다는 듯이 말했다. 다들 그렇게 하는데 '성의'를 표시하지 않는 것이 비정상이라는 투였다.

고민이었다. 햄릿의 "사느냐 죽느냐"가 아니라 "주느냐 안 주느냐" 이것이 문제였다. 고민하던 중 문득 이 문제를 신앙적으로 해결할 수 없을까 하는 생각이 뇌리를 스쳤다. 기도는 만능이 아니던가. 그래서 기도했다. 며칠 뒤 마음에 결심이 섰다. 그리고 아내와 합의했다. 설령 딸이 반에서 꼴찌를 하는 한이 있더라도 돈 봉투를 건네지는 말자고. 지금까지 그 원칙을 잘 지키고 있다. 아들이 입학하더라도 그렇게 할 작정이다. 대신 나는 기도한다.

"부모의 어줍잖은 고집 때문에 딸이 마음을 다쳐서 정상적인 성장에 지장을 받아서는 안 되겠습니다. 그가 어떤 환경 속에서도 위축되지 않게 하시고, 어떠한 불리한 여건도 극복할 수 있는 힘을 주소서. 그리고 저와 아내에게는 말씀으로 아이들을 양육할 수 있는 지혜를 허락하소서."

믿음은 구체적인 힘

봉투를 안 내미는 학부형이 비단 나만은 아닐 것이다. 뭐 이런 문제를 신앙에까지 연결시킬 필요가 있느냐고 반문하는 사람도 있을 것이다. 내 방법이 꼭 옳다고 주장하지 않는다. 이 방법이 자식의 앞날에 긍정적인 영향을 미칠지, 아니면 그 반대일지 교육 전문가가 아닌 나로서는 알 수 없는 일이다. 단지 그렇게 하는 것이 긴 안목으로 볼 때

딸을 위해서도 좋을 거라는 믿음이 있기에 그렇게 할 뿐이다.

그러나 봉투를 주고 안 주고를 떠나 어떤 문제라도 기도로 해결해 보려는 자세는 옳다고 생각한다. 우리 기독인의 믿음은 삶 속에서 구체적으로 힘이 돼야 한다는 것이 개인적인 신앙관이기도 하다.

부모의 지나친 안달과 경쟁심이 아이들을 폭 좁은 사람으로 만드는 것은 아닐까. 따지고 보면 치맛바람은 자식에 대한 애정이라기보다는 자기 만족 행위인지도 모른다. 그런 행위가 아이들한테도 결과적으로 별 도움이 안 될 것 같다는 생각이 든다.

(1992년 9월)

경민이가
남쪽으로 간 까닭

　　아들 경민이가 시골로 내려간 것이 초등학교 4학년 때인 지난해 가을. 육지로는 우리나라 최남단인 내 고향 전남 장흥군 관산읍 장환도로 '유학'을 갔다.

　　경민이의 유학에는 그럴 만한 이유가 있다. 우선 나는 오래전부터 서울의 자녀교육 환경과 분위기에 대해 내심 못마땅하게 생각해 왔던 터였다. 많은 학생들이 학교에서 돌아오자마자 피아노와 미술 교습, 그리고 영어, 수학 등 과외 공부를 위해 학원에 다녀야 한다.

　　잠시의 틈도 주지 않고 아이들을 혹사시키고, 그렇게 하지 않으면 불안해 할 수 밖에 없는 교육 환경에 대해 어느 정도 회의를 가지고 있었다. 이같은 교육 분위기 속에서 내 자녀가 더 소중한 것을 잃고 성장하는 것은 아닐까 하는 의구심이 항상 있었던 것이다. 그맘때 쯤의 성장기에는 모든 속박에서 해방시켜 고향의 공기를 호흡하며 자연 속에서 마음껏 뛰어놀게 하고 싶었다.

시골 유학 보내기로 결심

또 다른 이유 한가지. 아내가 아침 일찍 출근해야 하므로 아침 식사를 챙겨주지 못하는 등 아이들이 방치되는 경우가 많았다. 3살 많은 누나가 있었지만 경민이를 뒷바라지하기에는 역부족이었다. 무언가 대책이 필요했다. 궁리를 하던 중 문득 경민이를 나의 부모, 즉 경민이의 할아버지·할머니가 살고 계시는 시골에서 2년 정도 공부하게 하는 것이 어떨까 하는 생각이 뇌리를 스쳤다.

나는 이내 그렇게 하기로 결심한 후 아내와 이 문제를 상의했다. 아내는 당연히 반대했다. "애를 시골에서 서울로 유학을 보내야 정상이지, 어떻게 서울에서 시골로 내려 보내느냐"는 것이었다. 그러나 얼마후 그녀의 동의를 어렵지 않게 받아낼 수 있었다.

다음은 당사자인 경민이를 설득하는 문제가 남았다. 그는 처음에 완강하게 거부했다. "절대 못 간다"는 것이었다. 왜 시골로 가야 하는지에 대해 아들을 설득하기를 2개월. 마침내 그는 '그렇게 하겠다'고 대답했다. 시골로 가기 위해 할아버지와 함께 고속버스에 오르는 경민이에게 나는 근엄하게 당부했다.

"너는 나의 Pride(긍지)다. 절대 아빠의 Shame(수치)이 되어선 안된다."

경민이를 시골로 내려 보낸 후 마음 한켠에 과연 그가 시골 생활에 잘 적응할 수 있을 지 걱정이 되었다. 걱정이 될 때마다 우리 가족은 그를 위해 기도했다. 얼마 후 시골로부터 전해 오는 소식은 우리를 즐겁게 했다.

경민이는 가자마자 학교 친구들과 어울려 온 동네를 쏴 다니며 열심히 놀고 운동도 한다는 것이었다. 또 서울에서와는 달리 음식을 잘

먹는다고 했다. 그는 전화 목소리부터가 달랐다. 여기 있을 때보다 훨씬 힘차고 씩씩했다. 할머니는 경민이가 친구들을 여럿 데려와 두고 두고 손자를 먹이려고 만든 음식을 몽땅 먹어 치워 버리곤 한다고 전화를 통해 불만(?)을 털어 놓는다.

훈훈한 인심, 풍성한 사랑

경민이가 전체 10명 남짓 밖에 안되는 4학년 반에 도중에 들어갔으니 점심용 급식이 그의 몫으로 제공될 리 없었다. 그렇게 되자 그의 몫이 나오기 전 몇 주 동안 급우들이 돌아가면서 점심을 굶고 대신 경민이에게 자기 몫의 급식을 제공했다고 한다. 서울에서는 있을 법하지 않는 이야기다.

거기에는 '왕따'가 없는 모양이다. 대신 거칠지만 순박한 정과 의리가 있다. 그는 미국 생활 경험 덕분에 선생님이 영어 시간에 자기 더러 영어 선생을 하라고 했다면서 의기양양해 한다. 전화를 통해 이제 서울로 돌아갈 날이 몇 개월 남았느냐고 물을지언정 단 한 번도 시골에서 못 있겠다느니, 빨리 서울로 데려가라느니 하는 말을 하지 않는 그가 여간 대견스럽지 않다.

나는 경민이가 2년 동안 깨끗하고 확 트인 자연, 훈훈한 인심, 그리고 할아버지·할머니의 풍성한 사랑 속에서 몸과 마음이 건강하게 성장하기를 바란다. 무엇보다도 시골 생활의 풍성함과 소중한 체험이 앞으로 그가 성장하면서 하나님의 한없는 사랑을 깨닫는 동기가 되기를 기대해 본다.

(1999년 3월)

청소년의 가슴에
꿈을 심는 일

　　두말할 것도 없이 청소년은 미래의 주인이다. 이 나라의 미래는 청소년에게 달려있다. 청소년은 통일시대의 주역으로서 인간다운 삶을 보장받을 권리가 있다. 어른들은 청소년들이 행복하게 살 수 있도록 여건과 환경을 만들어 주어야 할 의무가 있다.

　　나는 청소년 교육만큼 중요한 것이 없다고 생각한다. 그럼에도 우리 나라 교육제도는 혼란스럽기 짝이 없다. 3불 정책이 어떻고, 내신이 어떻고, 특목고가 어떻고…… 교육은 백년지대계라고 했는데, 한 나라의 교육정책이 이토록 불안정하고 시빗거리가 되어서야 되겠는가.

창의력 향상과 리더십 개발

　　그러나 제도권 교육은 일단 교육전문가와 정책입안자들에게 맡기자. 그리고 좀 더 긴 호흡으로 학교 바깥에서 이뤄지는 교육, 즉 청소년들의 창의력 향상과 리더십 교육에 관심을 갖자. 나는 이것이 제도권 교육보다 더 중요하다고 생각한다. 학교에서 배우는 지식과 점수 경쟁보다 더 중요하고 본질적인 것은 저들의 가슴에 꿈과 비전을 심어주는 일이다.

그렇다. 지금은 정보화시대를 지나 '드림 소사이어티'Dream Society, 꿈이 이끌어가는 사회다. 이야기가 돈이 되는 시대다. 미국 헐리우드 영화산업은 군수산업에 이어 미국의 제 2대 산업으로 규모가 커졌다.

영국 작가가 쓴 해리포터는 2003년 기준으로 출판과 영화로 인한 부가가치가 2조3천억원이었다. 같은 해 삼성전자의 반도체 영업이익이 3조6천억원이었다. 수치는 삼성전자가 크지만 비용면에서 보면 삼성은 자본, 토지, 노동의 3대 경제 요소가 다 들어간다. 하지만 해리포터는 창의력, 상상력이 전부다.

헐리우드 영화 '뮬란'은 중국의 이야기다. 미국 영화 '쉘 위 댄스'Shall we dance?는 같은 스토리의 일본 영화를 리메이크한 것이다. 헐리우드는 우리나라 영화 '시월애'를 50만 달러에 사가서 '레이크 하우스'Lake House란 영화를 만들어 4,700만 달러를 벌어들였다. 겨울연가, 대장금 등이 만들어낸 한류 역시 결국 이야기를 파는 것이다. 이 시대의 청소년 교육은 이런 추세에 맞는 열린 교육이어야 한다.

자녀들의 단점은 곧 장점

자녀교육은 학부모 교육과 같이 가야한다. 나 역시 두 남매의 학부모이지만, 애들한테 잘못한 것이 많았다. 지금 와서 깨닫는 것은 애들을 부모의 눈으로만 보면 안 된다는 것이다.

어렸을 당시는 분명 자녀들의 단점이라고 생각했던 것들이 지나놓고 보니 그것이 바로 그들의 장점이었다. 당시에는 그것을 몰랐다. 그런데 그 '장점'을 보기싫어하고, 고치라고 윽박지르고 했던 것이다.

부모의 눈을 저 위에 고정시켜놓고 자녀를 볼 것이 아니라, 그들과 눈높이를 맞춰야 한다. 그래야 대등한 입장에서 대화가 가능하다. 청소년 운동은 청소년을 한사람의 인격체로서 있는 그대로 보는 것에서 시작한다.

무릇 역사상 위인들은 그들이 있게 한 '위대한 만남'이 있었다. 그 만남은 사람일 수도, 책일 수도 , 사건일 수도 있다. 미래의 주인인 청소년들에게 그런 계기를 만들어 주고, 꿈과 비전을 심어주고, 그 꿈에 도전케 하는 것이야 말로 어른들이 담당해야할 몫이다.

이를 위해 나는 (사)한국청소년운동연합 경기도지부장을 맡았다. 푸른별 문화기행, 학부모 교실, 청소년 리더십 강좌, 청소년 자원봉사 센터 운영 등 여러 가지 프로그램을 통해 저들의 가슴에 꿈을 심고, 스스로 능력과 자질을 개발하도록 도울 것이다.

(2007년 7월)

정치와
신앙

　　내가 20년에 가까운 언론계 생활을 청산하고 정치권에 몸담게 되었을 때 나를 아는 많은 사람들이 나의 선택에 대해 의아하게 생각했다. 특히 우리 교회 교인들은 '왜 하필 정치냐'는 반응을 보였다.

　　그들의 반응으로 볼 때 정치와 기독교 신앙은 양립할 수 없다고 인식하고 있는 듯했다. 하기야 정치 불신이 깊어질 대로 깊어져 우리 정치와 정치인들이 도매금으로 매도당하는 현실임을 감안한다면 그 같은 인식은 어쩌면 당연한지 모른다.

　　일반적으로 정치에는 거짓, 모함, 권모술수가 판치는 것으로 인식되고, 정치인은 신뢰하지 못할 사람 중 첫 번째 순위로 꼽힌다. 많은 사람들이 정치를 무작정 비난하고, 정치에 무관심한 것을 자랑삼아 이야기한다. 추악한 정치 현실로부터 스스로를 격리시키려는 심리적 반응일 것이다.

정치를 경멸하는 국민은 경멸 당해

그러나 나는 되레 그런 사람들 때문에 우리 정치는 뒷걸음친다고 생각한다. 사람이 모여 사는 세상에 어차피 정치란 필연적으로 있을 수밖에 없는 현상인데, 이에 대해 비난 만하고 무관심 한다면 비난받을 대상들에게 정치를 통째로 맡기는 꼴이 될 것이기 때문이다. 정치를 경멸하는 국민은 경멸 당할 수밖에 없는 수준의 정치를 갖게 마련이다.

반면 국민이 정치에 관심을 보이면서 애정 있는 채찍질을 가할 때 정치인들은 국민의 눈치를 볼 수밖에 없고, 결국 정치는 국민이 관심 갖는 방향으로 나아갈 수밖에 없다. 따라서 잘못된 정치를 바로 잡기 위해서는 국민이 정치에 적극적으로 개입할 뿐 아니라, 정치인에 대한 감시를 게을리 해서는 안 된다.

내가 정치를 선택한 이유는 나의 신앙관과 관계가 있다. 나는 기독교는 다른 종교와 근본적으로 다른 점이 있다고 생각한다. 그것은 기독교가 죄 많고 병든 '세상 속'에 존재한다는 점이다. 기독교인의 사명은 신앙에 굳건히 서서 온갖 부조리, 병폐와 싸우면서 세상을 변화시키는 것이다.

정치와 신앙이 양립할 수 없다는 일반적인 인식과는 달리 나는 오히려 기독교 신앙으로 인해 서슴지 않고 정치를 선택할 수 있었다. 내게 확고한 신앙고백이 있기에 진흙탕 속에서 이전투구를 벌이는 모습으로 국민의 눈에 비치는 정치에 뛰어들 수 있었던 것이다.

기독교인이 정치를 해서는 안 된다는 시각은 잘못된 것이다. 문제는 자신이 진리로 고백하는 신앙적 가치와 원칙을 정치에 적용할 수 있느냐 일 것이다.

누구에게나 마찬가지겠지만 내게도 신앙은 이 세상의 어떤 무엇보다도 소중하다. 대저 신앙이란 무엇인가. 신앙은 한 개인에게 어떤 가치보다도 우선하는 최상위 개념이며, 생명보다 소중하다는 고백이다.

그래서 신앙인에게는 자신이 어디서 무엇을 하든 지간에 신앙이 먼저다. 정치인에게도 신앙은 정치적 이해관계에 우선함은 말할 것도 없다. 어떤 경우에도 신앙을 가진 정치인은 정치적 이득을 위해 신앙적 원칙을 저버려서는 안 된다고 생각한다.

원칙과 양심에 더 충실해야

정치인들 중에는 교회에서는 개신교인 척하고, 성당에 가서는 천주교도인 체하며, 절에 가서는 불교도인 척하는 사람이 있다. 오직 표를 얻기 위해 서로 다른 종교에 다리를 걸치고 그들로부터 환심을 사려는 행태임이 분명하다. 그처럼 어정쩡한 행동을 보이는 사람은 엄밀한 의미에서 신앙인이 아니다.

신앙인은 자신의 종교에 확신을 가진 사람이다. 자신의 종교를 확실하게 드러내는 것이 타종교에 대한 배척이나 탄압일 수 없다. 거꾸로 자신의 종교에 확신을 가진 사람만이 다른 종교에 대해 진정으로 마음을 열 수 있다고 믿는다.

기독교를 믿는 정치인은 자신의 종교를 확실하게 드러내는 대신 비기독교인 정치인보다 도덕성에서 앞서야 한다고 생각한다. 자신의 신앙에 충실함으로써 더 양심적이고, 도덕적 용기를 지니며, 정치적 이해에 따라 왔다 갔다 하지 않고 원칙을 지키는 모습, 이것이 바람직한 기독교인 정치인의 모습이다.

(2001년 10월)

K형에게
—낙선 다음날

K형, 투표일인 어제까지만 해도 북적거리던 사무실에는 적막감이 감돌고 있습니다. 저 역시 절망감에 휩싸여 있습니다. 천근처럼 무거운 돌덩이가 내 가슴을 짓누르고 있는 것 같습니다. 선거전부터 일하던 기본 인원이 나와 있지만 서로 말을 건네기가 서먹할 정도입니다. 그들의 얼굴을 보기가 민망스럽습니다. 나의 당선을 위해 몸을 던져 선거 운동을 했던 당원 동지들, 그리고 교회 성도들의 낯을 보기가 부끄럽습니다.

공천을 받았다며 기뻐하면서 상경하셔서 운동원들의 밥을 손수 지어주시면서 신명나게 일하셨던 어머님, 불완전한 건강으로 집안에서 노심초사하시면서 나의 당선을 기원하셨던 아버님, 두 분께 면목이 없습니다. 뿌듯한 기쁨을 안고 하향하시도록 했어야 하는 건데······.

아니, 누구보다 아내에게 너무나 미안한 마음입니다. 결혼해서 지금까지 세상 말로 호강 한번 못 시켜 주었습니다. 호강은 놔두고 미국에 특파원으로 가 있는 동안 사업하는 동생이 부도가 나는 바람에 집을 날리고 월급까지 차압당하면서 너무 큰 마음고생을 시켰었지요. 아내는 내가 기자 생활을 그만두고 정치의 길을 택할 때 여느 부인들과 달리 남편의 뜻을 존중해 내 결정을 따라주었습니다.

국회의원 선거 출마와 관련해 잘못된 정치를 바로잡아야 한다는 나름 대로의 명분이 있었겠지만, 아무래도 개인적인 욕망이 앞섰겠지요. 그러나 선거를 치르면서 제 생각은 바뀌어 갔습니다. 헌신적으로 저를 도우시는 자원봉사자들을 위해서라도 반드시 승리해야 한다고 말입니다. 저는 선거 과정을 통해 그들의 진심과 열정을 체감하면서 감격의 눈물을 흘린 적이 한두 번이 아닙니다.

K형, 그렇게 날마다 하나님께 매달리며 기도했건만, 국회의원으로서 하나님의 사랑과 능력을 증거하며 다닐 수 있게 해달라고 간구했건만, 하나님은 우리의 기도에 이번에는 응답하지 않으셨습니다.

강남권이라는 이곳 분당에서 국회의원에 도전한다는 것이 애초에 무리였을까요? 보수층의 완고한 마음을 내 쪽으로 끌어오기에 역부족이었을까요? 이곳에서 싸우기에 저의 경력이 약한 걸까요? 내가 쏟아 부은 땀과 노력이 미약한 것인가요? 기도가 부족한 것은 아닐까요? 아니라면 정치하는 것이 하나님의 뜻이 아닌 걸까요?

K형, 무슨 이유가 있겠지요. 머리털 하나까지도 헤아리시는 하나님이시기에 말입니다. 분명 저의 패배에는 하나님의 뜻이 있을 것입니다. 우선 절망감에서 헤어나와 마음을 추스르는 일이 급선무인 것 같습니다. 이 시간 내게 힘을 주는 성경 말씀을 생각해 봅니다. 어떤 경우에도, 기쁠 때나 슬플 때나 우리 그리스도인들은 야곱이 고난 중에 하나님을 만났던 자리, 말씀이 있는 곳, 우리의 영혼의 본향인 벧엘로 돌아가야 한다고 생각

하기 때문입니다.

'항상 기뻐하라. 범사에 감사하라.' 선거에 패배한 이때에 하나님께 감사하라는 것은 지금 처지의 내 감정으로는 참으로 받아들이기 어려운 일입니다. 그러나 의지적으로, 억지로라도 감사하도록 노력하렵니다. 그것이 하나님의 명령이며, 이 패배에는 분명 하나님의 섭리가 있을 거라고 생각하기 때문이지요.

인간사, 세상사가 그렇듯이 이번 선거 과정을 통해서 저는 사람들에 의해 감동을 받았는가 하면, 또 사람들에 의해 마음의 상처를 받기도 했습니다. 그러나 저는 지금 기도하고 있습니다. 저를 실망시킨 사람들에 대해 쓴 뿌리가 남지 않게 해달라고 말입니다.

K형, 사실 앞으로 무엇을 해야 할지 모르겠습니다. 이 길만 생각했기에 실패할 경우 무엇을 할 것인지 방책을 마련하지 못했습니다. 앞으로 내게 정치할 기회가 또다시 주어질 것인지에 대한 믿음과 의지가 흔들리는 상태입니다. 오직 하나님께 맡길 뿐입니다. 하나님은 나를 당신이 원하시는 방향으로 인도하실 줄로 믿습니다. 오직 아버지 하나님의 섭리와 능하신 손의 역사를 믿을 뿐입니다.

K형, 나를 위해 기도해 주십시오.

(2004년 4월)

'다빈치 코드'
상영 논란에 대하여

최근 영화 '다빈치 코드'의 국내 상영을 놓고 논란이 있었다. 국내 최대 기독교 단체는 이 영화의 상영금지 가처분 신청을 법원에 내기까지 했다.

기독 네티즌을 대상으로 한 한 여론조사에 따르면 응답자의 57%가 '기독교에 부정적 영향을 줄 것'이라고 했다. 반면 40%는 '영향을 주지 않을 것'이라고 했고, 그들 중 절반은 '이 영화의 상영이 오히려 복음 전파의 계기가 될 것'이라고 했다. 크기에 차이가 있지만 양쪽으로 나뉘어 있다.

내 의견을 결론부터 말하자면 그 영화의 상영이 기독교에 일시적으로 부정적인 영향을 줄지도 모르지만, 기독교의 이름으로 들고 일어나 영화 상영 자체를 못하게 할 필요는 없다고 본다. 다른 방법으로 대처하자는 것이다.

영화 홍보하는 결과 초래

이유는 이렇다. 첫째, 한국의 기독교가 일반 국민의 눈에, 또 국제적으로 표현의 자유를 무시하는 '편협하고 폐쇄적인 집단'으로 비쳐지지 않을까 우려된다. 불과 몇 개월전 폭탄을 머리에 이고 있는 마호메트를 묘사한 만화는 유럽 각국의 회교도를 격분시켜 폭력 사태를 불렀다. 언론이 종교적 금기를 건드린 것은 틀림없으나 회교도들이 그렇게까지 과격한 반응을 보인데 대한 국제적인 비판이 있었고, 표현의 자유에 대한 억압이라는 반론도 만만찮았음을 돌아볼 필요가 있다.

앞으로 비슷한 류의 영화가 나온다면 그때마다 '절대 상영 금지'라는 극단적인 대응을 되풀이할 것인가?

둘째, 원래 소설로 나왔다가 최근 영화로 만들어진 '다빈치 코드'는 그 이단성 때문에 이미 세계 각국에서 논란이 되고 있는 터다. 국내에서 상영을 못하게 하는 것은 우선 한국 기독교인들로 하여금 무엇이 논쟁거리인지 조차 알 수 없는 무지한 상태로 남게 하자는 것이다. 있는 것을 없다고 한들 없어지는 것이 아니다.

이는 무엇에 쫓기던 닭이 급한 김에 자기 머리를 구덩이에 처박고 스스로 안전하다고 생각하는 것과 마찬가지다.

셋째, 영화 상영 금지를 주장하는 집단적 의사표현은 그들의 의도와는 반대로 영화를 홍보하는 결과를 초래할 것이다. 일반 국민들에게 더 큰 궁금증을 불러 일으켜 별 것 아닌 것을 뭐나 있는 것처럼 인식시킬 위험성이 다분하다. 마치 뱀을 막대기로 때려 용을 만드는 격이다.

넷째, 진리는 진리고, 허구는 허구다. 그것은 바뀔 수도 뒤섞일 수도 없다.

우리 크리스천이 믿는 진리는 이를 말살하려는 온갖 탄압과 핍박과 도전과 위험을 뚫고 지난 역사를 통해 진리임이 입증되어 왔다. 앞으로도 그럴 것이다. 여기에는 살아서 역사하시는 하나님의 섭리가 있다고 믿는다. 이것이 우리 기독인의 신앙고백이다.

의연하고 성숙한 대처 아쉬워

그렇다면 이 문제와 관련해 각 교회 차원에서 영화 안 보기 캠페인을 벌이는 등 필요한 조치는 취하되, 공식적으로 지나치게 집착하거나 과잉 반응을 보일 것이 아니라, 어느 부분은 하나님의 선하신 손의 역사에 맡기는 것이 어떨까.

그렇다고 독자들은 오해 없기를 바란다. 아직 못 보았지만, 또 꼭 볼 필요도 없지만 아마 그 영화는 기독교의 핵심적인 진리를 부인하는 내용을 담고 있을 것이다. 이 문제는 나로서도 절대 용납할 수 없다. 목숨을 걸고 양보할 수 없는 신앙고백에 관한 일이기 때문이다. 내가 말하는 것은 대처 방법의 문제다. 극단적인 대응으로 역효과를 내지 말고, 의연하고 어른스럽게 효과적으로 대처하자는 것이다.

그러면 어떻게 대처할 것인가. 그 영화의 허구성과 이단성을 우선 기독교인들에게 설명하고 교육해서, 이 영화의 내용이 논란이 될 경우 그들로 하여금 단호하게 그 허구성을 알리도록 해야 한다.

기독교는 세상과 격리된 종교가 아니다. 산속에 은둔해 수도하는 종교와는 다르다. 본질적으로 병들고 죄 많은 '세상 속'에 존재한다. 그것을 보고도 비판할 수 있는 믿음, 더 한 것을 보고도 흔들리지 않는 신앙이어야 경쟁력 있는 신앙이다.

이 영화의 상영 문제도 하나의 도전쯤으로 생각하고, 좀 더 의연하고 느긋하게 대처할 수는 없을까. 한국 기독교의 자신있는 모습, 열려 있는 자세가 아쉽다.

(2006년 6월)

'첫사랑의 뜨거움을 찾아서'
순례의 길

2005년 10월 22일은 내가 새에덴교회 장로로 장립된 날이다. 그 6개월 전 교회측으로부터 '장로 직분을 맡아야 하지 않겠느냐'는 말을 듣고 정중한, 그러나 단호한 거부 의사를 밝혔었다. 아직 내 신앙이 장로직을 맡을 수준이 아니라는 판단에서였다. 하지만 결국 나는 목사님의 권유를 받아들이기로 했다.

장로직을 수락한 것에는 두 가지 이유가 있었다. 첫째는 영적 지도자의 판단을 따르는 것이 성도의 도리라고 생각했다. 둘째는 아직은 미치지 못하지만 장로 직분 받는 것을 계기로 내 신앙이 한 단계 도약할 수 있을 것이라는 기대 때문이었다.

부끄러운 장로 안되게 기도

임직식을 한달보름 정도 남겨 놓고 휴가를 내 경기도 청평의 강남기도원에 들어갔다. 장로 장립을 앞두고 마음의 정리를 하기 위해서였다. 2004년 선거에서 낙선한 후 자주 찾았던 곳이다. 당시 나는 너무도 곤고한 처지였다. 새로운 비전을 주시고 내 길을 열어달라고 절박한 심정으로 주님께 매달렸던 그때를 돌아보니 감회가 새로웠다.

우선 나의 기도에 응답해주신 하나님께 감사 드리고 곤고했던 그때를 항상 기억할 수 있기를 기도했다. 그 다음 부끄럽지 않는 장로가 되게 해달라고 기도했다. 교회에서든 사회에서든 하나님의 영광만 드러내고 하나님의 얼굴에 먹칠하지 않게 해 달라고 간구했다. 장로로서 잘못을 저지르는 것은 하나님의 체면을 훨씬 더 구기는 일이 될 것이기 때문이었다.

장로 장립을 계기로 나는 오직 하나님 앞에 바로 서겠다고 다짐한다. "너희는 먼저 그의 나라와 그의 의를 구하라 그리하면 이 모든 것을 너희에게 더하시리라"(마 6:33)란 말씀을 마음에 새기면서 모든 일에 누구를 의식하지 않고 오직 하나님만 생각하며 그의 뜻을 구하려 한다. 여태껏 나는 하나님께 내 편이 돼달라고 기도해 왔지만 이제부터는 내가 하나님 편에 서 있는지를 항상 자문할 것이다.

더 깊은 영성 추구할 것

나는 그리스도인으로서 오랫동안 신앙의 합리성, 상식, 균형을 중시했다. 그래야 건강한 신앙이라고 생각했다. 그러나 언제부터인지 영성에 더 큰 비중을 두게 되었다. 앞의 것들이 중요하지 않다는 것이 아니라 영성은 그 이상의 영역이며 그리스도 신앙에 더 본질적인 것이라고 생각하기 때문이다. 또한 신앙에서 합리성, 상식, 균형은 매우 중요하지만 그것들이 깊은 영성을 추구하는 데 장애물로 작용할 수도 있음을 알았다.

　나는 죽는 날까지 더 깊은 영성을 추구하려 한다. 아홉 살 때 예수님을 만나 구원의 감격을 누렸고 그 후 내 신앙은 어떤 형태로든 성장해 왔다고 생각한다. 그러나 뒤돌아보건대 그 감격이 많이 식어 있음을 절감한다.

　그래서 나는 최근 펴낸 졸저의 제목처럼 예수님과의 '첫사랑의 뜨거움을 찾아서' 순례의 길을 나설 생각이다. 내 삶이 지속되는 한 그 길은 계속될 것이다. 동일하신 하나님이시기에 구약 시대의 기적은 이 시대에도 일어날 수 있다는 믿음을 갖고 하나님의 그 크신 사랑과 비밀의 세계로 한 발짝씩 걸어갈 것이다. 신앙적 진전이 있는 한 나는 더욱 풍성한 삶을 누릴 것이며 세상적 성패와 상관없이 내 삶을 '성공'이라고 스스로 규정할 것이다.

(2006년 6월)